Kunsten å bake fransk

100 oppskrifter og teknikker for den franske kulinariske tradisjonen

May Johnsen

Copyright materiale ©2024

Alle rettigheter forbeholdt

Ingen del av denne boken kan brukes eller overføres i noen form eller på noen måte uten riktig skriftlig samtykke fra utgiveren og opphavsrettseieren, bortsett fra korte sitater brukt i en anmeldelse. Denne boken bør ikke betraktes som en erstatning for medisinsk, juridisk eller annen profesjonell rådgivning.

INNHOLDSFORTEGNELSE _

INNHOLDSFORTEGNELSE _..3
INTRODUKSJON...8
FROKOST..9
1. CRÊPES SUZETTE..10
2. STØPTE EGG/ OEUFS MOLLETS...12
3. CRÊPES FOURRÉES ET FLAMBÉES..14
4. RYNKET EGG/OEUFS SUR LE PLAT...16
5. GRATINERT SOPPOMELETT MED OSTESAUS...............................18
6. OEUFS EN PÖLYE...21
7. EGG BAKT I RAMEKINS/OEUFS EN COCOTTE A LA CRÈME............23
8. CRÊPES ROULÉES ET FARCIES..25
9. GÂTEAU DE CRÊPES A LA FLORENTINE......................................28
10. GÂTEAU DE CRÊPES A LA NORMANDE.....................................31
11. CRÊPES DE POMMES DE TERRE / PANNEKAKER MED REVET POTET..33
12. B ANANA CREME CRÊPE S..35
13. CHERRY CRÊPE S...37
14. KUMQUAT-PEKANN CRÊPE S...39
15. TROPISK FRUKT CRÊPE S...42
16. SITRON CRÊPE S..44
17. CRÊPES MED CHABLIS FRUKTSAUS..47
18. AMBROSIA CRÊPE S...50
19. BERRY CRÊPES MED APPELSINSAUS......................................52
20. GRUNNLEGGENDE CROISSANTER..54

21. KLASSISKE CROISSANTER...58
22. FJÆRBRØDSCROISSANTER..61
23. GRANARY CROISSANTER...65
24. SJOKOLADE CROISSANTER..68
25. BANAN ECLAIR CROISSANTER.......................................71
26. MØRK SJOKOLADE MALT CROISSANT BRØDPUDDING.............73
27. SJOKOLADE MANDEL CROISSANT ÉCLAIRS....................75
28. SJOKOLADE DEKKET JORDBÆRCROISSANTER.................78
HOVEDRETT...80
29. SUPRÊMES DE VOLAILLE A BLANC..................................81
30. RISOTTO...84
31. HARICOTS VERTS AU MAÎTRE D'HÔTEL..........................86
32. TERRINE DE PORC, VEAU, ET JAMBON...........................88
33. ÉPINARDS AU JUS; ÉPINARDS A LA CRÈME....................92
34. CAROTTES ÉTUVÉES AU BEURRE / GULRØTTER STEKT I SMØR...94
35. CHAMPIGNONS FARCIS / FYLTE SOPP.............................96
36. ESCALOPES DE VEAU SAUTÉES A L'ESTRAGON..............98
37. ESCALOPE DE VEAU GRATINÉES....................................101
38. FOIES DE VOLAILLE SAUTÉS, MADEIRE........................104
39. TIMBALE DE FOIES DE VOLAILLE / KYLLING-LEVERMUGG........106
40. CANARD A L'ORANGE / ANDESTEK MED APPELSINSAUS........109
41. CANARD A LA MONTMORENCY......................................113
42. HOMARD A L'AMÉRICAINE..115
43. POTEE NORMANDE: POT-AU-FEU..................................119
44. FILETS DE POISSON EN SOUFFLÉ..................................122
45. CASSOULET..125

46. COULIBIAC DE SAUMON EN CROÛTE..130
47. VEAU SYLVIE..135
48. FILET DE SOLE SYLVESTRE...139
49. RIZ ETUVÉ AU BEURRE...142
50. RISOTTO A LA PIÉMONTAISE..145
51. SAUTÉ DE VEAU (OU DE PORC) AUX CHAMPIGNONS...............147
52. BOUILLABAISSE A LA MARSEILLAISE / MIDDELHAVSFISKESUPPE 149
53. SALPICÓN DE VOLAILLE...152
54. POULET GRILLÉ AU NATUREL / VANLIG STEKT KYLLING...........154
55. POULET GRILLÉ A LA DIABLE...156
56. POIS FRAIS EN BRAISAGE / PEAS BRAISED WITH SALAT..........158
57. POTAGE CRÈME DE CRESSON / KREM AV BRØNNKARSE-SUPPE 160
58. NAVARIN PRINTANIER / LAMMEGRYTE MED GULRØTTER.......163
59. OIE BRAISÉE AUX PRUNEAUX / BRAISED GOOSE WITH PRUNE STUFFING...167
60. ROGNONS DE VEAU EN CASSEROLE / NYRER I SMØR..............171
61. ROGNONS DE VEAU FLAMBÉS / SAUTÉED KIDNEYS FLAMBÉ...174
62. CARBONNADE DE BOEUF A LA PROVENÇALE...........................176
63. DAUBE DE BOEUF A LA PROVENÇALE......................................179
64. POTAGE PARMENTIER / PURRE ELLER LØK OG POTETSUPPE...182
65. VELOUTÉ DE VOLAILLE A LA SÉNÉGALAISE..............................184
SALATER OG SIDER..187
66. SALADE MIMOSA / SALAT MED VINAIGRETTE, SIKTET EGG OG URTER..188
67. POMMES DE TERRE A L'HUILE / FRANSK POTETSALAT............190

68. SALADE NIÇOISE..192
69. GRATINERT DAUPHINOIS / SCALLOPED POTATOES AU GRATIN
....194
70. GRATIN DE POMMES DE TERRE ET SAUCISSON.....................196
71. PURÉE DE POMMES DE TERRE A L'AIL......................................198
72. CONCOMBRES PERSILLÉS, OU A LA CRÈME / KREMEDE AGURKER
....200
73. NAVETS A LA CHAMPENOISE / KÅLROT OG LØKGRYTE...........202
74. ASPARGES..204
75. ARTICHAUTS AU NATUREL / HELKOKTE ARTISJOKKER..........206
76. RATATOUILLE...209
77. MOUSSAKA..212
78. LAITUES BRAISÉES / BRAISED SALAT..................................215
79. CHOUCROUTE BRAISÉE A L'ALSACIENNE / BRAISERT SURKÅL..218
80. CHAMPIGNONS SAUTÉS AU BEURRE / SAUTERED MUSHROOMS
....220
81. MOCK HOLLANDAISE SAUS (BÂTARDE)..............................222
82. CRÈME ANGLAISE (FRANSK VANILJESAUS)........................224
83. KREMET SOPP..226
84. SAUS MOUSSELINE SABAYON...228
DESSERTER..230
85. PATE FEUILLETÉE / FRANSK BUTTERDEIG...........................231
86. VOL-AU-VENT / LARGE PATTY SHELL.................................234
87. CRÈME CHANTILLY / LETTPISKET KREM.............................237
88. CRÈME RENVERSÉE AU CARAMEL / STØPT KARAMELLKREM...239
89. FLAMING SOUFFLÉ / CRÈME ANGLAISE..............................241
90. CHARLOTTE MALAKOFF AU CHOCOLAT..............................243

91. POIRES GRATINERT / PÆRER BAKT MED VIN 248

92. TIMBALE AUX ÉPINARDS / STØPT SPINATKREM 250

93. TIMBALE AU JAMBON / STØPT SKINKEKREM 253

94. KJEKS ELLER SJOKOLADE / SJOKOLADESVAMPKAKE..............256

95. CRÈME AU BEURRE À L'ANGLAISE / VANILJESAUSSMØRKREM 259

96. TARTE AUX POMMES / FRANSK EPLETERTE........................262

97. KJEKS ROULÉ A L'ORANGE ET AUX AMANDES.......................264

98. FARCE AUX FRAISES CIO-CIO-SAN..268

99. ITALIENSK MARENGS...270

100. CRÈME AU BEURRE À LA MERINGUE / MARENGSSMØRKREM 273

KONKLUSJON..276

INTRODUKSJON

Fransk baking er kjent over hele verden for sine delikate smaker, intrikate teknikker og rike kulturarv. Fra de smøraktige croissantene på parisiske kafeer til de elegante makronene i Ladurée, franske bakverk fremkaller en følelse av overbærenhet og raffinement. I denne utforskningen av fransk baking fordyper vi oss i historien, metodene og ingrediensene som gjør det til en kjær kulinarisk tradisjon. Enten du er en erfaren baker eller nettopp har begynt, bli med oss på en reise gjennom den fristende verdenen til fransk konditori

FROKOST

1. Crêpes Suzette

INGREDIENSER:
- 3 kopper appelsinsmør
- En gnagende rett
- 18 kokte crêpes, 5 til 6 tommer i diameter
- 2 ss perlesukker
- ⅓ kopp appelsinlikør og konjakk hver

BRUKSANVISNING:
a) Varm opp appelsinsmøret i en gnagskål til det bobler og blandingen er litt karamellisert - dette vil ta flere minutter.
b) Dypp begge sider av en crêpe i varmt smør, brett crêpe på halvparten av den beste siden ut, og i to igjen for å danne en kileform.
c) Legg på siden av fatet og gjenta raskt med resten av crêpes.
d) Dryss 2 ss sukker over crêpes, og hell over likørene. Rist pannen forsiktig mens likørene varmes opp, og hvis de ikke brenner opp automatisk, tennes med en fyrstikk.
e) Hell likøren over pannekakene til flammene slukker. Server på veldig varme tallerkener.

2. Støpte egg/ Oeufs Mollets

INGREDIENSER:
- 4 egg
- Salt
- Pepper
- Toast eller brød, til servering

BRUKSANVISNING:
a) Fyll en middels stor kjele med vann og kok opp på høy varme.
b) Senk eggene forsiktig ned i det kokende vannet med en hullsleiv.
c) Reduser varmen til middels lav og la eggene småkoke i nøyaktig 6 minutter for en myk, rennende eggeplomme, eller 7 minutter for en litt fastere eggeplomme.
d) Mens eggene koker, tilbered en bolle med isvann.
e) Etter ønsket koketid overfører du eggene forsiktig fra kasserollen til bollen med isvann med hullsleiv.
f) La eggene ligge i isvannet i ca. 2 minutter for å avkjøle og stoppe kokeprosessen.
g) Når de er avkjølt, banker du eggene forsiktig på en hard overflate for å knekke skjellene, og skrell deretter av skallene.
h) Dryss de flådde eggene med salt og pepper etter smak.
i) Server Oeufs Mollets umiddelbart med toast eller brød ved siden av for dipping.

3. Crêpes Fourrées Et Flambées

INGREDIENSER:
- ½ kopp pulveriserte blancherte mandler (du kan bruke en elektrisk blender til dette)
- ¼ ts mandelekstrakt
- 1 kopp appelsinsmør (forrige oppskrift)
- 18 kokte crêpes, 5 til 6 tommer i diameter
- En lett smurt bakebolle
- 3 ss perlesukker
- ⅓ kopp hver appelsinlikør og konjakk varmet i en liten kjele

BRUKSANVISNING:
a) Pisk mandlene og mandelekstrakten inn i appelsinsmøret.
b) Fordel en skje av denne blandingen på den nedre tredjedelen av hver crêpe, rull til sylindere og legg i en bake- og serveringsform med lett smør.
c) Dekk til og avkjøl til den skal brukes. Omtrent 15 minutter før servering, dryss over sukkeret og stek i den øverste tredjedelen av en forvarmet ovn på 350 til 375 grader til sukkertoppen har begynt å karamellisere litt.
d) Rett før servering heller du på den varme likøren og bringer til bordet.
e) Tenn med en fyrstikk, og hell likøren over pannekakene til flammene slukker.

4. Rynket egg/Oeufs Sur Le Plat

INGREDIENSER:
- ½ ss smør
- 1 eller 2 egg
- Salt og pepper

BRUKSANVISNING:
a) Velg en grunn ildfast bake- og serveringsform på ca 4 tommer i diameter.
b) Sett retten over moderat varme eller i en kjele med kokende vann. Tilsett smør; så snart den har smeltet, bryt inn 1 eller 2 egg.
c) Når bunnen av egget har koagulert i formen, fjern fra varmen, vipp fatet og tråkle toppen av egget med smøret i formen.
d) Plasser på en bakeplate, og et minutt før servering, sett slik at overflaten av egget er omtrent 1 tomme fra rødglødende broilerelement. Skyv fatet ut med noen sekunders mellomrom, vipp og tråkle toppen av egget med smøret i fatet.
e) På mindre enn et minutt vil hviten være stivnet, og eggeplommen filmet og glinsende.
f) Ta ut av ovnen, smak til med salt og pepper og server umiddelbart.

5. Gratinert soppomelett med ostesaus

INGREDIENSER:
- 1 kopp fløtesaus
- ½ kopp grovrevet sveitserost
- ½ lb. oppskåret sopp, tidligere sautert i smør
- En kasserolle
- 3 egg
- Salt og pepper
- 1½ ss smør
- En omelettpanne eller non-stick stekepanne 7 tommer i diameter i bunnen
- En miksebolle og en bordgaffel
- En varm ildfast serveringstallerken

BRUKSANVISNING:
a) Rør inn alt unntatt 2 ss revet ost i fløtesausen. Ha halvparten av soppen i en kjele, rør inn en tredjedel av sausen og varm opp rett før du lager omeletten.

b) Når du er klar til å lage omeletten, pisk eggene, en stor klype salt og en klype pepper i en miksebolle med en gaffel til eggeplommer og hvite er blandet - 20 til 30 sekunder. Legg en spiseskje smør i omelettpannen eller stekepannen, sett på høy varme, og mens smøret smelter, vipp pannen i alle retninger for å dekke bunnen og sidene. Når smørskummet nesten har lagt seg, heller du i eggene.

c) La eggene hvile i 3 eller 4 sekunder, grip deretter pannehåndtaket med venstre hånd, og flytt pannen raskt frem og tilbake over varme, rør egg med den flate bordgaffelen. Når egg har koagulert til en veldig myk vaniljesaus, i løpet av ca. 8 sekunder, øs den varme sausede soppen over midten av omeletten i rett vinkel på pannehåndtaket.

d) Løft håndtaket for å vippe pannen bort fra deg, vend nær enden av omeletten over på fyllet med gaffelen, og rist pannen for å skyve omeletten til den fjerneste delen av pannen.

e) Snu pannen rundt og ta tak i håndtaket med høyre hånd, tommelen på toppen. Hold en varm ildfast serveringsfat i venstre hånd. Vipp tallerkenen og pannen sammen i en vinkel, og hvile pannens leppe på tallerkenen. Snu omelettpannen raskt opp ned over tallerkenen, og omeletten faller på plass.

f) Fordel resten av soppen på toppen av omeletten, dekk med resterende saus, dryss over de reserverte 2 ss ost, og prikk med resten av smøret.

g) Kjør omelett tett under en rødglødende slaktekylling i omtrent et minutt, for å brune osten delikat.

h) Server med en gang, ledsaget av en grønn salat, franskbrød og en tørr hvitvin eller en rose.

6. Oeufs En Pölye

INGREDIENSER:
- 2 kopper kjøttgelé med vinsmak
- 4 ovale eller runde former, ½ kopp størrelse
- 4 kjølte posjerte egg
- Dekorative forslag:
- Friske estragonblader falt i kokende vann i 30 sekunder
- Runder eller ovaler av kokt skinke
- Skive av trøffel eller foie gras, eller 4 ss levermousse

BRUKSANVISNING:
a) Hell et ⅛-tommers lag med gelé i hver form og avkjøl til det er stivnet.
b) Dypp estragonblader, trøfler eller skinke i nesten stivnet gelé og legg over avkjølt gelé i hver form; hvis du bruker foie gras eller levermousse, legg en skive eller skje på toppen.
c) Dekk med et avkjølt posjert egg, med den mest attraktive siden ned. Fyll former med kald sirupsgelé (hvis geléen er varm, vil du løsne dekorasjonen); avkjøl i en time eller mer, til den er stivnet.
d) Løsne en etter en ved å dyppe i varmt vann, kjøre en kniv raskt rundt kanten av aspic, og snu formen på en tallerken, og gi et skarpt rykk nedover mens du gjør det.

7. Egg bakt i Ramekins/Oeufs En Cocotte a La Crème

INGREDIENSER:
- ½ ts smør
- 2 ss tung krem
- 1 eller 2 egg
- Salt og pepper

BRUKSANVISNING:

a) Forvarm ovnen til 375 grader.

b) Velg en porselens- eller ildfast glassfat 2½ til 3 tommer i diameter og omtrent 1½ tommer dyp. Ordne i en panne som inneholder ¾ tomme vann og sett over en brenner; kok opp vann.

c) Plasser alt bortsett fra en prikk smør i ramekin; tilsett en spiseskje fløte, og bryt inn egget eller eggene. Når eggehviten har begynt å koagulere i bunnen av ramekinen, tilsett den resterende skjeen med fløte, krydder og smørdotten. Sett i nedre tredjedel av forvarmet ovn og stek i 7 til 8 minutter. Eggene er ferdige når de akkurat har satt seg, men skjelver fortsatt litt.

d) Hvis du ønsker å vente litt før servering, ta den ut av ovnen når den er litt svak. de vil koke ferdig og holde seg varme i vannet i 10 til 15 minutter. Smak til med salt og pepper før servering.

8. Crêpes Roulées Et Farcies

INGREDIENSER:

DET FREMT SKALLKJØTT
- 2 ss smør
- En 8-tommers emaljert eller non-stick panne
- 3 ss finhakket sjalottløk eller løk
- 1½ kopper i terninger eller strimlet kokt eller hermetisk skalldyrkjøtt
- Salt og pepper
- ¼ kopp tørr hvit vermouth
- En bolle

VIN- OG OSTESAUSEN
- ⅓ kopp tørr hvit vermouth
- 2 ss maisstivelse blandet i en liten bolle med 2 ss melk
- 1½ kopper tung krem
- ¼ ts salt
- hvit pepper
- ½ kopp revet sveitserost

MONTERING OG BAKING
- 12 kokte crêpes, 6 til 7 tommer i diameter
- ¼ kopp revet sveitserost
- 2 ss smør
- En lett smurt ildfast form

BRUKSANVISNING:

a) Varm opp smøret til det bobler i gryten, rør inn sjalottløk eller løk og deretter skalldyret. Kast og rør over moderat høy varme i 1 minutt. Smak til med salt og pepper, tilsett vermuten og kok raskt til væsken er nesten helt fordampet. Skrap i en bolle.

b) Tilsett vermouthen i gryten og kok raskt til den er redusert til en spiseskje. Fjern fra varme; rør inn maisennablandingen, fløte, krydder. La det småkoke i 2 minutter under omrøring, bland deretter inn osten og la det småkoke et minutt til. Riktig krydder.

c) Bland halvparten av sausen inn i skalldyret, legg deretter en stor skje av skalldyrblandingen på den nedre tredjedelen av hver crêpe, og rull crêpes til sylindriske former. Legg pannekakene tett sammen i en lett smurt ildfast form, øs over resten av sausen, dryss osten over og prikk biter av smøret. Avkjøl til du skal bake. Femten til 20 minutter før servering, sett i den øvre tredjedelen av en forvarmet 425-graders ovn til boblende varm og ostetoppen har brunet lett, eller varm opp og brun under en lav broiler.

9. Gâteau De Crêpes a La Florentine

INGREDIENSER:
FLØTESAUS MED OST, SPINAAT OG SOPP
- 4 ss smør
- 5 ss mel
- $2\frac{3}{4}$ kopper varm melk
- $\frac{1}{2}$ ts salt
- Pepper og muskatnøtt
- $\frac{1}{4}$ kopp tung krem
- 1 kopp grovrevet sveitserost
- $1\frac{1}{2}$ kopper kokt hakket spinat
- 1 kopp kremost eller cottage cheese
- 1 egg
- 1 kopp fersk sopp i terninger, tidligere sautert i smør med 2 ss hakket sjalottløk eller løk

MONTERING OG BAKING
- 24 kokte crêpes, 6 til 7 tommer i diameter
- En lett smurt ildfast form
- 1 ss smør

BRUKSANVISNING:
a) For sausen, smelt smøret, rør inn melet og kok sakte i 2 minutter uten å farge; fjern fra varmen, pisk inn melk, salt og pepper og muskatnøtt etter smak. Kok under omrøring i 1 minutt, og pisk deretter inn fløten og alle unntatt 2 ss sveitserost; småkoke et øyeblikk, deretter korrigere krydder.
b) Bland flere spiseskjeer saus inn i spinaten og korriger nøye krydder. Pisk kremost eller cottage cheese med egg, sopp og flere spiseskjeer saus for å lage en tykk pasta; riktig krydder.
c) Forvarm ovnen til 375 grader.

d) Sentrér en crêpe i bunnen av en lett smurt ildfast form, smør med spinat, dekk med en crêpe, fordel med et lag av ost-og-soppblandingen, og fortsett på denne måten med resten av crêpes og de 2 fyllene, avslutter haugen med en crêpe.
e) Hell den resterende ostesausen over haugen, dryss over de resterende 2 ss revet sveitserost, og prikk med en spiseskje smør.
f) Avkjøl til 30 til 40 minutter før servering, og sett deretter i øvre tredjedel av forvarmet ovn til boblende varmt og ostetoppen har brunet lett.

10. Gâteau De Crêpes a La Normande

INGREDIENSER:
- 4 til 5 kopper skivede epler (ca. 2 lbs.)
- En stor tykkbunnet stekepanne
- ⅓ kopp granulert sukker
- 4 ss smeltet smør
- 12 kokte crêpes, 5 til 6 tommer i diameter
- En lett smurt bakebolle
- 6 til 8 foreldede makroner, smuldret
- Mer smeltet smør og sukker og konjakk

BRUKSANVISNING:
a) Fordel epler i stekepannen, dryss over sukker og smeltet smør, og sett midt i en forvarmet 350 graders ovn i ca 15 minutter eller til epleskivene er møre.

b) Sentrér en crêpe i den smurte bake- og serveringsformen, fordel med et lag epleskiver, dryss makroner, og med noen dråper smør og konjakk hvis du ønsker det.

c) Legg en crêpe på toppen, dekk med epler, og fortsett slik, avslutt med en crêpe. Dryss over smeltet smør og sukker.

d) Omtrent 30 minutter før servering, stek midt i en forvarmet 375-graders ovn til den er boblende varm. Server som den er, eller flamme som i forrige oppskrift.

11. Crêpes De Pommes De Terre / Pannekaker med revet potet

INGREDIENSER:
- 8 gram kremost
- 3 ss mel
- 2 egg
- ½ ts salt
- ⅛ ts pepper
- 6 unser (1½ kopper) sveitsisk ost, kuttet i ⅛-tommers terninger
- 2½ lbs. "bake" poteter (4 kopper når revet)
- 3 til 4 ss tung krem
- En 10-tommers stekepanne
- Ca 1½ ss smør, mer om nødvendig
- Omtrent 1½ ts olje, mer om nødvendig

BRUKSANVISNING:
a) Bland kremost, mel, egg, salt og pepper i en stor miksebolle med en miksegaffel. Rør inn osten i terninger.
b) Skrell poteter, riv gjennom store hull på rivjernet. En håndfull av gangen, vri poteter til en ball i hjørnet av et håndkle og trekke ut så mye juice som mulig.
c) Bland inn i osten og eggene, og rør deretter inn nok krem til å lage en blanding med konsistens som kremaktig cole slaw.
d) Varm smør og olje i en stekepanne, øs inn små eller store hauger med potetdeig som er omtrent ⅜ tommer tykk. Kok over moderat høy varme i 3 til 4 minutter, til det kommer bobler gjennom røren.
e) Senk varmen litt, snu og stek 4 til 5 minutter til på den andre siden. Hvis den ikke serveres umiddelbart, legg i ett lag på en bakeplate og la den stå utildekket. Stek i flere minutter i en forvarmet ovn på 400 grader.
f) Server med steker, biffer, posjerte eller stekte egg.

12. Banana creme Crêpes

INGREDIENSER:
- 4 bananer, delt bruk
- 8-unse beholder med kremkaramell
- Smaksatt yoghurt
- ½ kopp pisket krem eller frossen
- Pisket topping uten meieriprodukter,
- Tint, pluss tillegg for
- Garnityr
- 6 ferdiglagde crêpes
- Lønn- eller sjokoladesirup

BRUKSANVISNING:
a) Ha 2 bananer i en foodprosessor eller blender, og kjør til en jevn masse.
b) Tilsett yoghurt og bland. Rør inn pisket topping.
c) Skjær de resterende bananene i mynter. Sett til side, 12 skiver til topping.
d) Legg Crêpe på hver serveringsplate: del yoghurtblandingen over hver Crêpe.
e) Del gjenværende bananskiver og pisket krem eller topping.
f) Drypp sirup over hver crêpe.

13. Cherry Crêpes

INGREDIENSER:
- 1 kopp rømme
- ⅓ kopp brunt sukker, fast pakket
- 1 kopp kjeksblanding
- 1 egg
- 1 kopp melk
- 1 boks Kirsebærpaifyll
- 1 ts appelsinekstrakt

BRUKSANVISNING:
a) Bland rømme og brunt sukker, og sett til side. Bland sammen kjeksblanding, egg og melk.
b) Bland til glatt. Varm opp oljet 6" panne.
c) Stek 2 ss kjeksblanding om gangen til den er lett brun, snu og brun.
d) Fyll hver crêpe med en del av rømmeblandingen. Rull opp.
e) Legg sømsiden ned i bakebollen. Hell over kirsebærpaifyllet.
f) Stek ved 350~ i 5 minutter. Hell appelsinekstrakt over Crêpes, og tenn ved servering.

14. Kumquat-pekann crêpe s

INGREDIENSER:

- ½ kopp konservert kumquat
- 3 store egg
- 1½ kopper pekannøtter, i terninger
- ¾ kopp sukker
- ¾ kopp smør, romtemp
- 3 ss konjakk
- ½ kopp pekannøtter, i terninger
- ¼ kopp sukker
- ¼ kopp smør, smeltet
- ½ kopp konjakk

BRUKSANVISNING:
FOR FYLLING:

a) Frø, kutt og tørk kumquats, og reserver ⅓ kopp kumquatsirup.

b) Kombiner egg, 1½ kopper pekannøtter, ¾ kopp sukker, ¾ kopp smør, kumquats og 3 ss konjakk i en prosessor eller blender og bland godt med av/på-svingninger. Gjør om til en bolle.

c) Dekk til og frys i minst 1 time.

Å MONTERE:

d) Smør to 7x11-tommers bakeformer sjenerøst.

e) Reserver ⅓ kopp fyll for saus. Fyll hver crêpe med ca 1 ½ til 2 ss fyll. Rull Crêpes opp sigarmote.

f) Legg med sømsiden ned i et enkelt lag i tilberedte bakeretter.

g) Forvarm ovnen til 350 grader. Dryss crêpes med resterende pekannøtter og sukker og drypp over smeltet smør.

h) Stek til det er boblende varmt, ca 15 minutter.

i) I mellomtiden, kombiner ⅓ kopp reservert fyll, 2 ss konjakk og ⅓ kopp reservert kumquatsirup i en liten kjele og la det småkoke over lav varme.
j) Varm resten av konjakken i en liten kjele.
k) For å servere, legg pannekaker på et fat og topp med saus. Tenn Cognac og hell over toppen, rist fatet til flammen avtar. Server umiddelbart.

15. Tropisk frukt Crêpe s

INGREDIENSER:
- 4 gram vanlig mel, siktet
- 1 klype salt
- 1 ts melis
- 1 egg pluss en eggeplomme
- ½ halvliter melk
- 2 ss smeltet smør
- 4 gram sukker
- 2 ss konjakk eller rom
- 2½ kopper tropisk fruktblanding

BRUKSANVISNING:
a) For å lage Crêpe-deigen, legg mel, salt og melis i en bolle og bland.
b) Pisk inn egg, melk og smør gradvis. La stå i minst 2 timer.
c) Varm en lett smurt stekepanne, rør røren og bruk til å lage 8 crêpes. Holde varm.
d) For å lage fyllet, legg den tropiske fruktblandingen i en kjele med sukkeret og varm forsiktig til sukkeret er oppløst.
e) Kok opp og varm opp til sukkeret karamelliserer. Tilsett konjakken.
f) Fyll hver crêpe med frukt og server umiddelbart med krem eller creme fraiche.

16. Sitron Crêpe s

INGREDIENSER:
- 1 stort egg
- ½ kopp melk
- ¼ kopp universalmel
- 1 ts sukker
- 1 ts revet sitronskall
- 1 klype salt
- Smør eller olje til pannen

SIMONSAUS:
- 2 kopper vann
- 1 kopp sukker
- 2 sitroner, skivet papir i tynne skiver, med frø

KRØMEFYLL:
- 1 kopp Tung krem, kald
- 2 ts sukker
- 1 ts vaniljeekstrakt

BRUKSANVISNING:
CRÊPE BATTER:
a) Pisk egg og melk lett sammen i en middels miksebolle.
b) Tilsett mel, sukker, sitronskall og salt og visp til det er glatt.
c) Avkjøl tildekket i minst 2 timer eller over natten.

SIMONSAUS:
d) Varm opp vann og sukker i en tykk, middels kjele til sukkeret er oppløst.
e) Tilsett sitronskiver og la det småkoke i 30 minutter. Avkjøl til romtemperatur.

LAG CREPES:
f) Dekk crêpe-pannen på en 6-tommers nonstick-gryte med et tynt lag smør eller olje.
g) Varm pannen over middels høy varme.

h) Hell i 2 ss Crêpe-røren og vipp kjelen raskt for å fordele røren jevnt.
i) Stek til bunnen er gyllen og kanten har trukket seg vekk fra siden av pannen, ca 3 minutter.
j) Snu crêpe og stek den andre siden i ca 1 minutt.
k) La avkjøles på en tallerken og gjenta med den resterende røren for å lage 8 crêpes i alt.
l) Rett før servering lager du kremfyllet: visp fløte, sukker og vanilje i en mikserbolle til det dannes stive topper.
m) Legg 2 crêpes med den gyldne siden ned på hver desserttallerken.
n) Hell kremfyll på hver Crêpe og rull sammen, brett inn kantene og legg sømsiden ned på tallerkener.
o) Hell $\frac{1}{4}$ kopp sitronsaus over hver porsjon, og server med en gang.

17. Crêpes med Chablis fruktsaus

INGREDIENSER:

- 3 egg
- 1 kopp skummet melk
- 1 kopp mel
- $\frac{1}{8}$ teskje salt
- Matlagingsspray
- $\frac{1}{2}$ kopp Chablis vin
- $\frac{1}{4}$ kopp vann
- $\frac{1}{4}$ kopp sukker
- 1 ss maisstivelse
- $\frac{3}{4}$ kopp ferske eller frosne jordbær
- $\frac{1}{2}$ kopp terninger av appelsin
- 1 ss vann
- 4 Lovers Crêpes

BRUKSANVISNING:

a) Kombiner de første 4 ingrediensene og bland på lav hastighet i omtrent ett minutt. Skrap ned sidene og bland godt til det er glatt.

b) La stå i 30 minutter. Dekk bunnen av en $6\frac{1}{2}$ tommers omelett eller stekepanne med matlagingsspray.

c) Varm pannen over lav varme.

d) Hell i ca 3 ss røre - vipp og snu pannen for å fordele røren jevnt.

e) Stek til den er lett brun på bunnen – snu og brun den andre siden.

f) For å lagre-pakke crêpes atskilt med vokset papir, frys eller avkjøl.

CHABLIS FRUKTSAUS:

g) Kombiner de 3 første ingrediensene i en liten kjele - kok opp - la småkoke i 5 minutter.

h) Rør maisstivelse og 1 ss vann til en jevn masse.

i) Rør inn i vinblandingen og la det småkoke i flere minutter til det tykner, rør av og til.

j) Tilsett frukt og varm opp til frukten er varm. Fyll crêpes, brett over og hell ekstra saus over toppen.

18. Ambrosia Crêpes

INGREDIENSER:
- 4 Crêpes
- 16-unse kan fruktcocktail
- 1 boks Frossen dessert topping - tint
- 1 liten moden banan i skiver
- ½ kopp miniatyrmarshmallows
- ⅓ kopp strimlet kokosnøtt

BRUKSANVISNING:
a) Pynt med ekstra topping og frukt.
b) For å fryse Crêpes stabel med vokset papir mellom.
c) Pakk inn i kraftig folie eller frysepapir.
d) Varm i 350° ovn i 10-15 minutter.

19. Berry Crêpes med appelsinsaus

INGREDIENSER:
- 1 kopp friske blåbær
- 1 kopp skivede jordbær
- 1 ss sukker
- Tre 3-unse pakker med myknet kremost
- $\frac{1}{4}$ kopp honning
- $\frac{3}{4}$ kopp appelsinjuice
- 8 Crêpes

BRUKSANVISNING:
a) Kombiner blåbær, jordbær og sukker i en liten bolle, og sett til side.
b) For å tilberede saus, pisk kremost og honning til det er lett, og pisk sakte inn appelsinjuice.
c) Skje ca $\frac{1}{2}$ kopp bærfyll i midten av 1 Crêpe. Hell ca 1 ss saus over bærene. Rull sammen, og legg på et serveringsfat. Gjenta med resterende pannekaker.
d) Hell resten av sausen over crêpes.

20. Grunnleggende croissanter

INGREDIENSER:
- ¾ kopp pluss 1 ss helmelk
- 2 ts instant gjær
- 2⅔ kopper universalmel (eller T55-mel), pluss ekstra for forming
- 1 ss pluss 1½ ts (20 gram) granulert sukker
- 2 ts kosher salt
- 1 kopp usaltet smør, ved romtemperatur, delt
- 1 stort egg

BRUKSANVISNING:
a) Lag deigen: I en middels bolle, rør sammen melk og gjær, tilsett deretter mel, sukker, salt og smør og rør til en raggete deig dannes. Vend deigen ut på en ren benk og elt i 8 til 10 minutter (eller overfør til en mikser og elt i 6 til 8 minutter ved lav hastighet) til den er jevn, tøyelig og smidig.

b) Hvis du elter for hånd, sett deigen tilbake i bollen. Dekk til med et håndkle og sett til side i 1 time eller til dobbel størrelse. (Denne timingen vil variere, avhengig av kjøkkentemperaturen din.)

c) Vend deigen ut på en ren benk og trykk lett til en 8-tommers firkant. Pakk inn med plastfolie og avkjøl i 1 time. Dette er kjent som deigblokken.

d) Deigblokken og smørblokken skal ha samme temperatur og konsistens, så avkjøling er viktig.

e) Etter 30 minutter med avkjøling av deigblokken, legg den resterende ¾ koppen (170 gram) smør på et stykke bakepapir. Topp med et ekstra ark med pergamentpapir og bruk en kjevle og plastbenkskrape for å forme smøret til et 6 x 8-tommers rektangel. Skyv pakken med bakepapir over på en stekeplate og overfør til kjøleskapet i 15 til 20 minutter, til den er fast, men smidig. Du skal være i stand til å bøye pakken uten at den knekker i skår.

f) Sett smørblokken til side på benken mens du former deigen. Dette vil sikre at det er riktig temperatur (ikke for kaldt) før inkorporering. Støv benken og toppen av deigen med mel og rull deigblokken til et 9 x 13-tommers rektangel. Børst av overflødig mel. Pakk ut smøret og vend det på midten av deigen, slik at kantene nesten møter sidene av deigblokken. Brett den øverste og nederste delen av deigen over smørblokken, og møtes i midten. Klem godt sammen midt- og endesømmene. Temperatur er avgjørende, så arbeid raskt.

g) Dryss benken med mel og roter deigen slik at midtsømmen peker mot deg. Kjevle deigen ut ved å bruke en frem-og-tilbake-bevegelse for å lage et 7 x 21-tommers rektangel, arbeid forsiktig så ikke smør slipper ut av deigen. Hvis smør titter gjennom, klyp deigen rundt for å dekke og dryss med mel. Børst av overflødig mel før du bretter.

h) Brett den øverste tredjedelen av deigen mot midten, brett deretter den nederste tredjedelen av deigen over midten for å lage en bokstavfold. Børst av overflødig mel.

i) Pakk deigen inn i plastfolie og avkjøl i 30 minutter.

j) Gjenta trinn 6, start med den brettede kanten av deigen på venstre side, rull deigen til et 7 x 21-tommers rektangel og lag en bokstavfolding. Pakk deigen inn igjen og avkjøl i 45 minutter.

k) Gjenta dette trinnet en gang til, pakk deretter deigen og avkjøl i minst 1 time eller over natten.

l) Form og stek: Kle en stekeplate med bakepapir.

m) Støv benken med mel og rull deigen til et $\frac{1}{4}$-tommers tykt rektangel, omtrent 9 x 20 tommer.

n) Bruk en skjærekniv til å merke 4-tommers seksjoner langs lengden av langsiden. Bruk en kokkekniv til å kutte rektangelet ved 4-tommers merkene, og lag fem 4-x-9-tommers seksjoner. Halver hver av disse seksjonene diagonalt for å lage totalt 10 trekanter.

o) Strekk bunnen av hver trekant litt for å forlenge den litt.

p) Start på langsiden og rull trekantene for å lage en croissantform.

q) Når du nesten har nådd slutten av rullen, drar du litt i tuppen for å forlenge den og vikler den rundt croissanten, klyp lett for å forsegle. Plasser hver croissant på den tilberedte bakeplaten med tuppene på bunnen for å forhindre at de åpner seg mens de etterheves og stekes. Plasser dem noen få centimeter fra hverandre.

r) Dekk brettet med plastfolie og sett til side for å heve ved romtemperatur i $1\frac{1}{2}$ til $2\frac{1}{2}$ time. (Denne timingen vil variere, avhengig av kjøkkentemperaturen din, men den ideelle temperaturen er 75 °F til 80 °F.) Tett til den når en marshmallow-aktig konsistens og en økning i volum. Hvis du stikker i deigen, skal den springe litt tilbake, og etterlate et fordypning.

s) Etter 1 times etterheving, forvarm ovnen til 400°F.

t) I en liten bolle, visp egget med en skvett vann og bruk en konditorkost til å pensle glasuren over croissantene. Pensle dem en gang til, for ekstra glans.

u) Stek i 30 til 35 minutter til croissantene er dype gyldenbrune. Serveres varm.

21. Klassiske croissanter

INGREDIENSER:
- 4 kopper universalmel
- 1/4 kopp sukker
- 1 1/2 ts salt
- 2 1/4 ts instant gjær
- 1 1/4 kopper kald melk
- 2 ss usaltet smør, myknet
- 2 1/2 stenger usaltet smør, avkjølt og skåret i tynne skiver
- 1 egg pisket med 1 ss vann

BRUKSANVISNING:
a) I en stor bolle, visp sammen mel, sukker, salt og gjær.
b) Tilsett den kalde melken og 2 ss myknet smør, og rør til det blir en raggete deig.
c) Vend deigen ut på et melet underlag og elt i ca 10 minutter til den er glatt og elastisk.
d) Ha deigen i en lett oljet bolle, dekk til med plastfolie og avkjøl i 1 time.
e) På en melet overflate ruller du de avkjølte smørskivene til et rektangel. Brett deigen over smøret og klyp kantene sammen.
f) Kjevle deigen og smøret ut til et langt rektangel. Brett den i tredjedeler, som en bokstav.
g) Kjevle deigen ut igjen og gjenta bretteprosessen to ganger til. Avkjøl deigen i 30 minutter.
h) Kjevle deigen ut en siste gang til et stort rektangel, og skjær den deretter i trekanter.
i) Rull hver trekant opp, start fra den brede enden, og form til en halvmåne.
j) Legg croissantene på en bakeplate, pensle med eggvask og la heve i 1 time.

k) Forvarm ovnen til 400°F (200°C) og stek croissantene i 20-25 minutter til de er gyldenbrune.

22. Fjærbrødscroissanter

INGREDIENSER:
- 2 ts brødmaskingjær
- 2¼ kopper universalmel
- 2 ts salt
- 2 ss instant fettfri tørrmelk
- 1 ss sukker
- ⅞ kopp vann
- 4 gram usaltet smør
- 1 stort egg; slått med
- 1 spiseskje vann; for innglassing
- 3 barer (1,45 unse) halvsøt sjokolade

BRUKSANVISNING:

a) Tilsett gjær, mel, salt, tørrmelk, sukker og vann i brødformen og plasser i maskinen. Bearbeid ingrediensene på deiginnstillingen til de er godt innlemmet, uten at tørre ingredienser klamrer seg til sidene av pannen, ca. 10 minutter på de fleste maskiner.

b) Etter at deigen er blandet, slå av maskinen og la deigen heve i maskinen til dobbel, ca 1½ time.

c) I mellomtiden legger du smørpinnen mellom 2 lag plastfolie eller vokset papir. Med fingrene, flat ut og form smøret til en 6-tommers firkant som er omtrent ⅓ tomme tykk. Avkjøl i minst 15 minutter. Smøret må ha konsistens som grønnsaksfett når du bruker det. Hvis den er for hard, river den deigen; hvis den er for myk vil den sive ut på sidene. Varm den eller avkjøl den deretter.

d) Når deigen har doblet volum, vend den ut på et godt melet underlag. Med melede hender trykker du deigen inn i en 13-tommers firkant. Pakk ut det avkjølte smøret og legg det diagonalt i midten av deigfirkanten. Legg hjørnene på deigen over smøret for å møtes i midten (det vil se ut som en konvolutt). Trykk midten og kantene av deigen for å flate ut og forsegle i smøret.

e) Bruk en lett melet kjevle og rull deigen til et 18 x 9 tommers rektangel. Ikke trykk for hardt. Hvis du gjør det, vil smøret sive ut eller deigen rives (hvis den rives, er det bare å klype for å lappe). Brett en 9-tommers ende av deigrektangelet over den midtre tredjedelen av deigen. Brett dette over den gjenværende tredjedelen.

f) Kjevle deigen ut igjen til et 18 x 9-tommers rektangel. Brett den som før for å danne de 3 lagene og legg den i en plastpose eller pakk den løst inn i plastfolie. Avkjøl deigen i 30 minutter og gjenta deretter rulle-, brettings- og avkjølingsprosessen to ganger til.

g) Avkjøl deigen over natten etter siste bretting.

h) For å kutte og forme croissantene, kutt deigen i to. Pakk den ene halvdelen inn i plast og sett den tilbake i kjøleskapet mens du jobber med den andre. Kjevle deigen ut på en lett melet overflate til en 13-tommers sirkel.

i) Skjær den i 6 skiver. Trekk forsiktig bunnen av hver kile til en bredde på omtrent 6 tommer og lengden på hver kile til omtrent 7 tommer. Start fra basen og rull opp kilen. Plasser croissanten, øverste punkt under, på et kraftig bakepapir.

j) Bøy og før basispunktene mot midten for å danne en halvmåne. Rull og form alle croissantene, plasser dem 2 tommer fra hverandre på bakeplaten.

k) Pensle croissantene lett med eggeglasuren. La dem deretter heve på et lunt sted til de er lette og oppblåste, ca. 1 ½ time. I mellomtiden, forvarm ovnen til 400F. Pensle krumkakene med eggeglasuren en gang til rett før du setter dem i ovnen. Stek i 15 minutter, eller til de er gyldenbrune.

Fjern croissantene fra bakeplaten for å avkjøles på rist. Serveres lun, med syltetøy eller ditt favorittsandwichfyll.

l) Tilbered croissantdeigen som anvist.

m) Etter at du har kuttet den i to, rull hver halvdel til et 14 x 12-tommers rektangel på en lett melet overflate. Skjær hver halvdel i seks 7 x 4-tommers rektangler.

n) Bryt fra hverandre tre 1,45 unse barer med halvsøt eller mørk sjokolade for å lage 12 rektangler, hver ca. 3 x 1 $\frac{1}{2}$ tommer. Legg ett stykke sjokolade på langs langs den ene kortenden av hvert deigstykke. Rull for å omslutte sjokoladen helt og trykk på kantene for å forsegle. Legg croissantene med sømsiden ned på en stor bakeplate.

o) Fortsett til glasering og stek som anvist.

23. Granary croissanter

INGREDIENSER:
- ¼ halvliter lunkent vann
- 7 gram Usøtet delvis skummet kondensert melk
- 1 unse tørket gjær
- 2 gram usaltet smør; smeltet
- 1 pund kornmagasinmel
- En klype salt
- 3 gram solsikke- eller soyamargarin
- Melk til glasering

BRUKSANVISNING:
a) Kombiner vannet med den fordampede melken, og smuldre deretter inn den ferske gjæren, eller rør inn tørket gjær.
b) Tilsett smøret. Sikt melet med saltet i en stor bolle, før kornene fra silen tilbake til melet i bollen.
c) Gni margarinen inn i melet til blandingen minner om brødsmuler.
d) Lag en brønn i midten av melet, hell i gjærblandingen og bland godt.
e) Legg deigen på en lett melet overflate og elt i 3 minutter.
f) Ha deigen tilbake i bollen, dekk til med et fuktig kjøkkenhåndkle og la heve på et lunt sted i ca 30 minutter til dobbel størrelse.
g) Hvis romtemperaturen er kald, kan hevingen fremskyndes ved hjelp av en mikrobølgeovn: mikrobølger den tildekkede deigen i en mikrobølgeovnsikker beholder på full effekt i 10 sekunder. La deigen hvile i 10 minutter, og gjenta deretter prosessen to ganger.
h) Vend halvparten av den hevede deigen over på en lett melet overflate og rull til en sirkel ca. 5 mm (¼ tomme) tykk.

Bruk en skarp kniv og skjær deigen i åtte trekantede segmenter. Arbeid fra ytterkanten og rull hvert segment inn i midten. Bøy hvert stykke til en halvmåne og legg på en lett oljet bakeplate.

i) Dekk til med et kjøkkenhåndkle og la det til dobbel størrelse.

j) Forvarm i mellomtiden ovnen til Gas Mark 5/190C/375 F. Gjenta formingsprosessen med den andre halvdelen av deigen.

k) Alternativt kan du la resten av deigen stå tildekket i kjøleskapet i opptil 4 dager og bruke når du trenger ferske croissanter.

l) Når croissantene har doblet størrelsen, glaser du dem med melken og stek i ovnen i 15-20 minutter til de er oppblåste og gyldne.

24. Sjokolade croissanter

INGREDIENSER:
- 1½ kopper smør eller margarin, myknet
- ¼ kopp universalmel
- ¾ kopp melk
- 2 ss sukker
- 1 ts salt
- ½ kopp veldig varmt vann
- 2 pakker Aktiv tørrgjær
- 3 kopper mel, usiktet
- 12 gram sjokoladebiter
- 1 eggeplomme
- 1 ss melk

BRUKSANVISNING:
a) Pisk smør, ¼ kopp mel med en skje til en jevn masse. Spred på vokset papir i et 12x6 rektangel. Avkjøl. Varm opp ¾ kopp melk; rør inn 2 ss sukker, salt for å løse opp.

b) Avkjøl til lunken. Dryss vann med gjær; rør for å oppløses. Med en skje, slå inn melkeblandingen og 3 kopper mel til den er jevn.

c) Slå på lett melet konditorduk; elt til det er glatt. La heve, dekket, på et lunt sted, fri for trekk, til det er doblet - ca 1 time. Avkjøl ½ time.

d) Rull til et 14x14 rektangel på lett melet konditorduk.

e) Legg smørblandingen på halvparten av deigen; fjerne papir. Brett den andre halvdelen over smør; klem kantene for å forsegle. Med fold til høyre, rull fra midten til 20x8.

f) Fra kortsiden, brett deigen i tredjedeler, lag 3 lag; tette kanter; avkjøl 1 time pakket inn i folie. Med fold til venstre, rull til 20x8; brette avkjøl ½ time. Gjenta.

g) Avkjøl over natten. Neste dag, rull; fold to ganger; chill ½ time mellom. Avkjøl deretter 1 time lenger.

h) For å forme: skjær deigen i 4 deler. På lett melet konditorduk, rull hver til en 12-tommers sirkel. Skjær hver sirkel i 6 kiler.

i) Dryss kiler med sjokoladebiter -- pass på å la en $\frac{1}{2}$-tommers margin være rundt og ikke fylle med chips. Rull opp fra den brede enden. Form til en halvmåne. Legg med peksiden ned, 2" fra hverandre på brunt papir på kakeplaten.

j) Dekke; la heve på et lunt sted, fri for trekk til doblet, 1 time.

k) Varm ovnen til 425. Pensle med pisket eggeplomme bland i 1 ss melk. Stek i 5 minutter, reduser deretter ovnen til 375; stek i 10 minutter til eller til croissantene er puffet og brunet.

l) Avkjøl på rist i 10 minutter.

25. Banan eclair croissanter

INGREDIENSER:
- 4 frosne croissanter
- 2 ruter halvsøt sjokolade
- 1 ss smør
- ¼ kopp siktet konditorsukker
- 1 ts varmt vann; opptil 2
- 1 kopp vaniljepudding
- 2 mellomstore bananer; oppskåret

BRUKSANVISNING:
a) Skjær frosne croissanter i to på langs; dra sammen. Varm frosne croissanter på en usmurt bakeplate i forvarmet 325 °F. ovn 9-11 minutter.

b) Smelt sjokolade og smør sammen. Rør inn sukker og vann for å lage en smørbar glasur.

c) Fordel ¼ kopp pudding på hver croissant nederste halvdel. Topp med skivede bananer.

d) Bytt ut croissant-topper; drypp på sjokoladeglasur.

e) Tjene.

26. Mørk sjokolade malt Croissant brødpudding

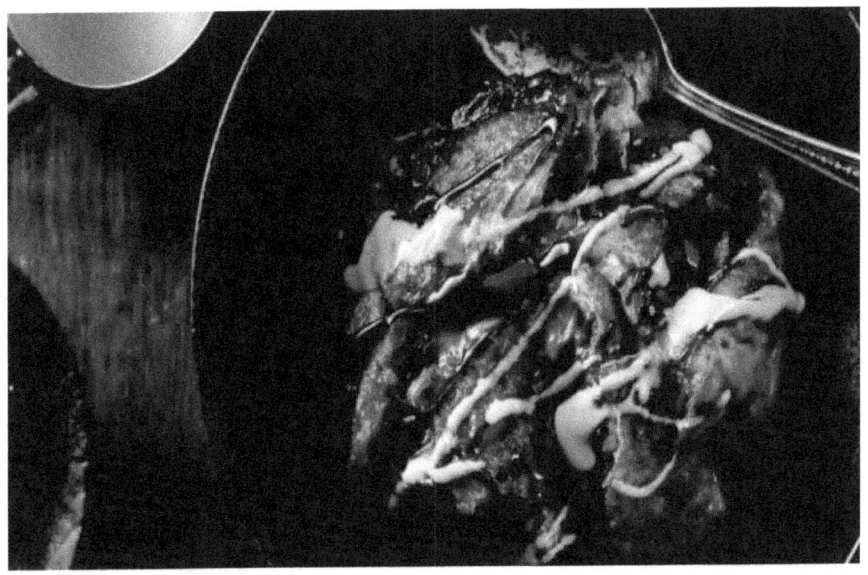

INGREDIENSER:
- 6 store croissanter, gjerne daggamle
- 3 kopper helmelk
- 1 kopp tung krem
- 1/2 kopp granulert sukker
- 4 store egg
- 2 ts vaniljeekstrakt
- 1/4 ts salt
- 1/2 kopp mørk sjokoladebiter
- 1/4 kopp maltmelkpulver
- Pisket krem, til servering (valgfritt)

BRUKSANVISNING:

a) Forvarm ovnen til 350°F. Smør en 9x13 tommers bakebolle.

b) Skjær croissantene i passe biter og legg dem i den tilberedte bakebollen.

c) I en stor bolle, visp sammen melk, fløte, sukker, egg, vaniljeekstrakt, salt og maltet melkepulver til det er godt blandet.

d) Hell blandingen over croissantene, pass på å fordele væsken jevnt.

e) Dryss de mørke sjokoladebitene over toppen av brødpuddingen.

f) Dekk bakebollen med aluminiumsfolie og stek i 35 minutter.

g) Fjern folien og fortsett å bake i ytterligere 15-20 minutter, eller til brødpuddingen er stivnet og toppen er gyllenbrun.

h) La brødpuddingen avkjøles i noen minutter før servering. Topp med pisket krem, om ønskelig.

27. Sjokolade mandel Croissant Éclairs

INGREDIENSER:
FOR PÂTE À CHOUX:
- 1/2 kopp vann
- 1/2 kopp helmelk
- 1/2 kopp usaltet smør, i terninger
- 1/2 ts salt
- 1 ts sukker
- 1 kopp universalmel
- 4 store egg, romtemperatur

FOR SJOKOLADEMANDELFYLLET:
- 1 kopp tung krem
- 1 kopp halvsøte sjokoladebiter
- 1/2 kopp mandelsmør

FOR SJOKOLADEGLASUREN:
- 1/2 kopp halvsøte sjokoladebiter
- 2 ss usaltet smør
- 1 ss maissirup

BRUKSANVISNING:
a) Forvarm ovnen til 375°F. Kle en stekeplate med bakepapir.

b) Kombiner vann, melk, smør, salt og sukker i en middels kjele. Varm opp på middels varme til smøret har smeltet og blandingen koker opp.

c) Tilsett melet på en gang og rør kraftig med en tresleiv til blandingen danner en ball og trekker seg bort fra sidene av pannen.

d) Ta kjelen av varmen og la den avkjøles i 5 minutter.

e) Tilsett eggene ett om gangen, pisk godt etter hver tilsetning til blandingen er jevn og blank.

f) Sett på en konditorpose med en stor rund tupp og fyll med choux-deigen.

g) Sprøyt deigen over på det tilberedte bakepapiret, og danner 6-tommers lange éclairs.

h) Stek i 25-30 minutter, eller til de er gyldenbrune og oppblåste.

i) Ta ut av ovnen og la avkjøles helt.

j) Varm opp den tunge fløten i en middels kjele til den bare koker.

k) Ta av varmen og tilsett sjokoladebiter og mandelsmør. Rør til sjokoladen har smeltet og blandingen er jevn.

l) Skjær en liten spalte i bunnen av hver éclair og rør fyllet inn i midten.

m) I en liten kjele smelter du sjokoladebitene, smøret og maissirupen over lav varme, mens du rører konstant, til den er jevn.

n) Dypp toppen av hver éclair i sjokoladeglasuren og legg den på en rist for å stivne.

o) Valgfritt: Dryss over skivede mandler.

28. Sjokolade dekket Jordbærcroissanter

INGREDIENSER:

- 6 croissanter
- 1/2 kopp jordbærsyltetøy
- 1/2 kopp halvsøte sjokoladebiter
- 1 ss usaltet smør
- 1/4 kopp tung krem
- Friske jordbær i skiver (valgfritt)

BRUKSANVISNING:

a) Forvarm ovnen til 375°F.

b) Del hver croissant i to på langs.

c) Smør 1-2 ss jordbærsyltetøy på nederste halvdel av hver croissant.

d) Bytt den øverste halvdelen av hver croissant og legg dem på en bakeplate.

e) Stek i 10-12 minutter, eller til croissantene er lett gyllenbrune.

f) I en liten kjele smelter du sjokoladebitene, smøret og kremfløten på lav varme, mens du rører konstant, til den er jevn.

g) Ta croissantene ut av ovnen og la avkjøle i noen minutter.

h) Dypp toppen av hver croissant i sjokoladeblandingen, la det overflødige dryppe av.

i) Legg de sjokoladedekkede croissantene på en rist for å avkjøle og stivne.

j) Valgfritt: Topp med friske jordbærskiver før servering.

HOVEDRETT

29. Suprêmes De Volaille a Blanc

INGREDIENSER:
TILBEREDNING AV KYLLINGBRYSTER
- 4 suverene
- $\frac{1}{2}$ ts sitronsaft
- $\frac{1}{4}$ ts salt
- Stor klype hvit pepper
- 4 ss smør
- En tung, dekket flammesikker gryte med en diameter på omtrent 10 tommer
- En runde med vokset papir kuttet for å passe gryte
- En varm serveringsrett

VIN OG FLØTESAUS, OG SERVERING
- $\frac{1}{4}$ kopp hvit eller brun kraft eller oksebuljong på boks
- $\frac{1}{4}$ kopp portvin, Madeira eller tørr hvit vermouth
- 1 kopp tung fløte Salt, hvit pepper og sitronsaft
- 2 ss frisk hakket persille

BRUKSANVISNING:
a) Forvarm ovnen til 400 grader.
b) Gni suprêmes med dråper sitronsaft og dryss lett med salt og pepper. Varm smør i gryte til det skummer. Rull suprêmes raskt i smøret, legg papiret over dem, dekk til gryten og sett i en varm ovn.
c) Etter 6 minutter, trykk på toppen av suprêmes med fingeren; hvis fortsatt myk og squashy, sett tilbake i ovnen i et minutt eller to til.
d) De er ferdige når de føles litt spenstige og spenstige; ikke overkok dem. Fjern suprêmes til en varm serveringsfat; dekk til og hold den varm mens du lager sausen, noe som tar 2 til 3 minutter.
e) Hell kraften eller buljongen og vinen i gryten med kokesmøret og kok raskt ned på høy varme til væsken er

sirupsaktig. Hell så i fløten og kok raskt til den tykner litt.
f) Smak forsiktig med salt, pepper og dråper sitronsaft.
g) Hell sausen over suprêmes, dryss over persille og server umiddelbart.

30. Risotto

INGREDIENSER:

⅓ kopp finhakket løk
2 ss smør
En tung 6-kopps kasserolle eller flammesikker gryte
1 kopp uvasket rå hvit ris
2 kopper kyllingkraft eller buljong, oppvarmet til koking
Salt og pepper
En liten urtebukett: 2 persillekvister, ⅓ laurbærblad og $\frac{1}{8}$ ts timian bundet i vasket osteduk

BRUKSANVISNING:

Stek løken sakte i smøret i flere minutter til den er myk og gjennomsiktig. Tilsett risen og rør over moderat varme i 3 til 4 minutter til riskornene, som først blir gjennomsiktige, blir melkehvite. Dette trinnet koker det melete risbelegget og forhindrer at kornene fester seg sammen. Rør så inn kyllingkraften, smak til med salt og pepper, og tilsett urtebuketten. Rør kort til kokepunktet er nådd, dekk deretter godt til og stek ved moderat småkoking på komfyren eller i en forvarmet 350-graders ovn. Reguler varmen slik at risen har absorbert væsken på ca 18 minutter, men ikke rør i risen i det hele tatt under kokingen. Når du er ferdig, luft lett med en gaffel, tilsett mer salt og pepper om nødvendig. (Risottoen kan tilberedes på forhånd og settes til side uten lokk; for å varmes opp igjen, legg i en kjele med kokende vann, dekk til risen og luft med en gaffel av og til til risen er gjennomvarm. Ikke overkok.)

31. Haricots Verts Au Maître d'Hôtel

INGREDIENSER:
FORELØP TILBEREDNING ELLER BLANSERING
3 lbs. friske grønne bønner
En stor vannkoker som inneholder 7 til 8 liter raskt kokende vann
3½ ss salt
SERVERING
En tung 8- til 10-tommers emaljert eller non-stick gryte eller panne
Salt og pepper
3 til 4 ss smør
1 ts sitronsaft
2 til 3 tb hakket fersk persille

BRUKSANVISNING:
Snap ender av bønner. Rett før koking, vask raskt under varmt vann. Slipp bønner i kjelen, tilsett salt og kok raskt opp igjen. Kok uten lokk i 8 minutter, og test deretter en bønne ved å spise den. Bønner er ferdige når de er møre, men fortsatt beholder et antydning av sprø. Så snart de er ferdige, sett et dørslag over kjelen og tøm vannet av bønnene. Kjør deretter kaldt vann i en kjele i flere minutter for å avkjøle bønnene og for å stille inn farge og tekstur. Avløp. Sett til side til den skal brukes.

For å servere, sleng bønner i kasserollen eller pannen over moderat høy varme for å fordampe all fuktigheten. Bland deretter med salt, pepper og smør til det er godt oppvarmet - 2 minutter eller så. Kast igjen med en teskje sitronsaft og hakket persille. Server umiddelbart.

32. Terrine De Porc, Veau, Et Jambon

INGREDIENSER:
GRUNNLEGGENDE PÂTÉ-BLANDING
½ kopp finhakket løk
2 ss smør
En liten panne
En 3-liters miksebolle
½ kopp tørr portvin eller Madeira, eller konjakk
¾ lb. (1½ kopper) finmalt magert svinekjøtt
¾ lb. (1½ kopper) finmalt magert kalvekjøtt
½ lb. (1 kopp) malt ferskt svinefett (se merknader i begynnelsen av oppskriften)
2 lett piskede egg
½ ts salt
½ ts pepper
½ ts timian
Stor klype allehånde
Et lite fedd most hvitløk
KALVESTRIMENE
½ lb. magert kalvekjøtt fra rund- eller indrefilet, kuttet i ¼-tommers strimler
En bolle
3 ss konjakk
Salt og pepper
Klyp hver av timian og allehånde
1 ss finhakket sjalottløk eller løk
Valgfritt: 1 eller flere hermetiske trøfler skåret i ¼-tommers terninger, og juice fra boks
DANNER PâTÉEN
En 2-liters bakebolle eller panne (se merknader i begynnelsen av oppskriften)
Tilstrekkelige ark eller strimler av svinefett til å omslutte paté (se merknader i begynnelsen av oppskriften)

4 kopper av den grunnleggende patéblandingen
½ lb. mager kokt skinke kuttet i strimler ¼ tomme tykke
1 laurbærblad
Aluminiumsfolie
Et tungt deksel for bakebolle eller panne
En panne for å holde en bakebolle i ovnen

BRUKSANVISNING:

Stek løken sakte i smøret til den er myk og gjennomsiktig; skrap dem deretter ned i miksebollen. Hell vinen i pannen og kok til halvparten; legg til løken i miksebollen.

Pisk kjøttdeig, fett, egg og krydder kraftig inn i løken til alt er grundig blandet og teksturen har myknet og lysnet - 2 til 3 minutter. Sauter en liten skje til den er gjennomstekt; smak og korriger eventuelt krydder.

Mens du tilbereder andre ingredienser som følger, mariner du kalvekjøttet i en bolle med konjakken og andre krydder, inkludert de valgfrie tøflene og saften fra boksen. Før bruk, tøm kalvekjøttet og trøflene; reserver marinaden.

(Forvarm ovnen til 350 grader for neste trinn.)

Kle bunnen og sidene av fatet med strimler av svinefett, trykk det godt på plass. Pisk kalvemarinade inn i den grunnleggende patéblandingen, og fordel en tredjedel i bunnen av formen. Dekk med halvparten av strimlene av marinert kalvekjøtt, vekselvis med halvparten av strimlene av skinke. Hvis du bruker trøfler, plasser dem på rad nedover i midten. Dekk med halvparten av den gjenværende patéblandingen, resten av kalve- og skinkestrimlene, flere trøfler, og til slutt det siste av patéblandingen. Legg laurbærbladet på toppen; dekk med et ark eller strimler av svinefett. Omslutt toppen av fatet med aluminiumsfolie og

sett på dekselet (legg en vekt på toppen hvis dekselet er løst eller spinkelt).
BAKING PâTÉEN
Sett en form i en litt større panne og hell i nok vann til å komme to tredjedeler opp. Sett i nedre tredjedel av forvarmet 350-graders ovn og stek i ca. 1½ time, eller til patéen har krympet litt fra bakebollen og all væske og omkringliggende juice er klargul uten spor av rosenrød farge.
KJØLING, KJØLING OG SERVERING
Når du er ferdig, tar du fatet opp av vannet og legger den på en tallerken. Ta av lokket, og på toppen av foliebelegget legger du et trestykke, en panne eller en form som akkurat passer inn i bakebollen. På eller i den, plasser en vekt på 3 til 4 pund eller deler av en kjøttkvern; dette vil pakke ned patéen slik at det ikke blir noen luftrom senere. Avkjøl ved romtemperatur i flere timer, og avkjøl deretter, fortsatt nedtynget, i 6 til 8 timer eller over natten.
Skjær serveringsskiver rett fra bakebollen ved bordet, eller løs opp patéen, skrell av svinefettet og server patéen pyntet i aspic. (Merk: Hvis du oppbevarer den i mer enn 2 eller 3 dager i kjøleskapet, løsne den avkjølte patéen og skrap all kjøttgelé av overflaten, siden det er geléen som ødelegges først. Tørk patéen tørr og legg den tilbake i ildfast form eller pakk inn. i vokset papir eller plastfolie.)

33. Épinards Au Jus; Épinards a La Crème

INGREDIENSER:
FORELØP TILBEREDNING ELLER BLANSERING
3 lbs. fersk spinat
En stor vannkoker som inneholder 7 til 8 liter raskt kokende vann
3½ ss salt
En skjærekniv i rustfritt stål
SERVERING
2 ss smør
En tykkbunnet 8-tommers emaljert kjele eller panne
1½ ss siktet mel
1 kopp storfebuljong, hermetisk storfebuljong eller tung krem
Salt og pepper
1 til 2 ss myknet smør

BRUKSANVISNING:
Trim og vask spinaten. Slipp den i det kokende vannet en håndfull av gangen, tilsett salt og kok sakte uten lokk i 2 til 3 minutter, eller til spinaten er slapp. Tøm, kjør kaldt vann i en kjele i et minutt eller to, tøm igjen. Klem ut så mye vann fra spinaten som mulig med håndfuller. Hugge. Sett til side til den skal brukes. (Gjør ca 3 kopper.)

Smelt smøret i kjelen. Når det bobler, tilsett den hakkede spinaten og rør over moderat høy varme i 2 til 3 minutter for å fordampe fuktighet. Når spinaten så vidt begynner å feste seg til bunnen av kjelen, senk varmen til moderat og rør inn melet. Kok under omrøring i 2 minutter. Fjern fra varmen og bland inn kraft, buljong eller fløte. Krydre lett, kok opp, dekk til og kok veldig sakte i 10 til 15 minutter. Rør ofte for å unngå svie. Korriger krydder, rør inn mykt smør og server.

34. Carottes Étuvées Au Beurre / Gulrøtter stekt i smør

INGREDIENSER:
5 til 6 kopper skrellet og oppskåret eller delte gulrøtter (ca. 1½ lbs.)
En tykkbunnet 2-liters emaljert kjele
1 ss perlesukker
1½ kopper vann
1½ ss smør
½ ts salt
Klype pepper
2 ss frisk hakket persille
1 til 2 ss ekstra smør

BRUKSANVISNING:
Ha gulrøttene i kasserollen med sukker, vann, smør, salt og pepper. Dekk til og kok sakte i ca 30 minutter, eller til gulrøttene er møre og væsken har fordampet. Riktig krydder. Rett før servering, varm opp igjen ved å blande med persille og ekstra smør.

35. Champignons Farcis / fylte sopp

INGREDIENSER:
12 store sopp
2 til 3 ss smeltet smør
En grunn bakebolle
Salt og pepper
2 ss finhakket sjalottløk eller løk
2 ss smør
½ ss mel
½ kopp tung krem
3 ss frisk hakket persille
Ekstra salt og pepper
¼ kopp revet sveitserost
1 til 2 ss smeltet smør

BRUKSANVISNING:
Fjern soppstengler og reserver. Vask og tørk hettene, pensle med smeltet smør og legg med hulsiden opp i bakebollen. Krydre lett med salt og pepper.
Vask og tørk stilkene og kjøttdeigen. Med håndfuller, vri i hjørnet av et håndkle for å trekke ut så mye juice som mulig. Surr med sjalottløk eller løk i smør i 4 eller 5 minutter til bitene begynner å skille seg. Senk varmen, tilsett mel og rør i 1 minutt. Rør inn fløte og la det småkoke i et minutt eller to, til den tykner. Rør inn persille og krydder. Fyll sopphettene med denne blandingen; topp hver med 1 ts ost og drypp på dråper smeltet smør. Sett til side til du er ferdig med kokingen.
15 minutter eller så før servering, stek i den øvre tredjedelen av en forvarmet 375-graders ovn til korkene er møre og fyllet har brunet lett på toppen.

36. Escalopes De Veau Sautées a l'Estragon

INGREDIENSER:
4 eller flere kalveskjell
1½ ss smør
½ ss matolje
En 10-tommers emaljert eller non-stick stekepanne
SAUS OG SERVERING
1 ss finhakket sjalottløk eller løk
Valgfritt: ¼ kopp Sercial Madeira eller tørr hvit vermouth
½ ss tørkede estragonblader
1 kopp brun kraft eller hermetisk biffbuljong; eller ¼ kopp kraft og 1 kopp tykk krem
Valgfritt: 1 kopp sopp, tidligere sautert i smør i ca 5 minutter
½ ss maisstivelse blandet til en pasta med 1 ss vann
Salt og pepper
1 ss mykt smør
En varm serveringsrett
Persillekvister

BRUKSANVISNING:
Tørk kamskjell grundig på tørkepapir. Varm opp smør og olje i gryten på høy varme. Når smørskummet nesten har lagt seg, men ikke bruner, tilsett kamskjell. Ikke tenk dem sammen; kok dem noen om gangen om nødvendig. Stek på den ene siden i ca. 4 minutter, reguler varmen slik at fett alltid er veldig varmt, men ikke brunt; snu og fres kjøtt på den andre siden. Kamskjellene er ferdige når de bare tåler trykket fra fingrene, og saftene blir klare gule når kjøttet prikkes. Ta kamskjell i en siderett og lag sausen slik:
Hell alt bortsett fra en spiseskje fett fra gryten. Tilsett sjalottløk eller løk og rør over moderat varme i ½ minutt. Tilsett deretter den valgfrie vinen, estragonen og kraften

eller buljongen. Skrap opp all koagulert sautésaft med en tresleiv, og la det småkoke et øyeblikk. (Hvis du bruker fløte, tilsett den nå.) Kok raskt for å redusere væsken til ca. ⅔ kopp. Fjern fra varmen, pisk inn maisstivelsesblanding og valgfri sopp. La småkoke under omrøring i 2 minutter. Krydre kamskjellene lett med salt og pepper, ha dem tilbake i pannen og dryss med sausen. Riktig krydder. Sett til side uten lokk til noen minutter før servering.

Rett før servering, varm opp til koking, og tø kamskjell med saus i et minutt eller to til de er gjennomvarme. Fjern fra varmen, legg kamskjell på et varmt serveringsfat og tilsett smør i sausen i pannen. Snurr pannen til smøret er absorbert, og hell deretter sausen over kamskjellene. Pynt med persille, og server umiddelbart.

37. Escalope De Veau Gratinées

INGREDIENSER:
3 ss smør
En tykkbunnet 2-liters kasserolle
4 ss mel
2 kopper varm kalve- eller kyllingkraft eller buljong
En stålpisk
½ kopp finhakket løk, tidligere kokt i smør til den er gjennomsiktig
1 kopp oppskåret sopp, tidligere sautert i smør i ca 5 minutter
⅓ kopp tung krem
½ kopp revet sveitserost
En ildfast form, 2 tommer dyp
Salt, pepper og sitronsaft
4 til 8 tidligere sauterte kalveskjell eller oppskåret kalvekjøttrester
Valgfritt: 4 til 8 skiver mager kokt skinke
1 ss myknet smør

BRUKSANVISNING:
Forvarm ovnen til 375 grader.
Smelt smør i en kjele, bland deretter inn mel og kok sakte under omrøring i 2 minutter uten å brune. Fjern fra varme. Hell i all den varme kraften eller buljongen på en gang og pisk kraftig med en stålpisk for å blande. Kok under omrøring i 1 minutt. Rør inn kokt løk og la det småkoke i 5 minutter. Rør inn sopp og la det småkoke i 5 minutter til. Tynn ut med skjeer fløte, men sausen skal være ganske tykk. Riktig krydder; tilsett to tredjedeler av osten. Smør bakebollen lett. Fordel en skje eller to med saus på bunnen av fatet. Salt og pepper kalvekjøtt og legg i overlappende skiver i et fat, med en skje saus og en skive valgfri skinke

mellom hver. Dekk med resten av sausen, dryss på resterende ost og prikk med smør. Sett til side eller avkjøl til ca ½ time før servering.

For å fullføre matlagingen, plasser i den øvre tredjedelen av en forvarmet 375-graders ovn til det bobler og toppen har brunet lett. Ikke overkok.

38. Foies De Volaille Sautés, Madeire

INGREDIENSER:

1 lb. kyllinglever (ca. 2 kopper)
Salt og pepper
½ kopp mel i en tallerken
En stor sil
2 ss smør
1 ss matolje
En tung 10-tommers emaljert eller non-stick stekepanne
Valgfritt: 1 kopp kokt skinke i terninger, tidligere sautert i smør, og/eller 1 kopp oppskåret fersk sopp, tidligere sautert i smør
½ kopp kjøttkraft eller buljong
⅓ kopp tørr Sercial Madeira
1 ss mykt smør
1 ss fersk hakket persille

BRUKSANVISNING:

Plukk over kyllinglever; kutt ut eventuelle filamenter og svarte eller grønnaktige flekker (disse er forårsaket av gallesekken som hvilte på leveren før rengjøring). Tørk på tørkepapir. Rett før koking, dryss lett med salt og pepper, rull inn mel og rist i en sil for å fjerne overflødig mel.
Smelt smør og olje i gryten på middels høy varme. Når du ser at smørskummet begynner å avta, tilsett kyllinglever. Kast ofte i 3 til 4 minutter til leveren er lett brunet; de er ferdige når de bare er fjærende ved å trykke på fingeren. Ikke overkok. Tilsett valgfri sautert skinke og sopp, hell i kraften og vinen og la det småkoke i 1 minutt. Smak og riktig krydder. (Sett til siden hvis du ikke er klar til å servere.) Varm opp igjen rett før servering, ta deretter av varmen og bland med mykt smør og persille.

39. Timbale De Foies De Volaille / Kylling-levermugg

INGREDIENSER:
VANILJEBLANDINGEN
1 lb. kyllinglever (ca. 2 kopper)
2 egg (USA gradert "large")
2 eggeplommer
$\frac{1}{4}$ ts salt
$\frac{1}{8}$ ts pepper
1 kopp tykk hvit saus (1$\frac{1}{2}$ ss smør, 2 ss mel og 1 kopp melk)
Valgfritt: ⅓ kopp tung krem
2 TB portvin, Madeira eller konjakk
BAKING OG SERVERING
En 4-koppers bakebolle 2$\frac{1}{4}$ til 3 tommer dyp, eller 8 halvkopper ramekins eller vaniljesaus
1 ss myknet smør
En panne med kokende vann for å holde en bakebolle eller ramekins
2 kopper hollandaise eller bearnaise; eller fløtesaus smaksatt med 1 ts tomatpuré og estragon eller persille (se denne siden)

BRUKSANVISNING:
Plukk over kyllinglever, skjær ut eventuelle filamenter og svarte eller grønnlige flekker. Legg dem i glasset i en elektrisk blender med egg, eggeplommer, salt og pepper, og kjør i 1 minutt. Tilsett den hvite sausen og vinen eller konjakken, bland i 15 sekunder til, og sil gjennom en sil over i en bolle. (Eller puré kyllinglever gjennom en matmølle eller kjøttkvern i en bolle, pisk inn resten av ingrediensene og skyv gjennom en sil.)
Forvarm ovnen til 350 grader.
Smør en lett film av smør inn i en bakebolle eller ramekins og fyll til innenfor $\frac{1}{8}$ tomme fra toppen med leverblandingen.

Når du er klar til å bake, legg i en panne med kokende vann, og sett deretter i midterste nivå av forvarmet ovn. Reguler vannet i pannen slik at det nesten koker, men ikke helt. Timbalen er ferdig når den viser en veldig svak krymping fra fatet, og når en kniv stupt inn i midten kommer ren ut. La ca 30 minutter i ovnen for en klang laget i en bakebolle; ca 20, hvis du bruker ramekins. (Hvis den ikke serveres umiddelbart, la den stå i en panne med vann i avslått ovn, med døren på gløtt - eller varm opp om nødvendig.)

For å løsne en timbale laget i en bakebolle, la den trekke i 5 minutter hvis du nettopp har stekt ferdig, og kjør deretter en kniv rundt kanten på timbalen. Snu en lett smurt varm serveringsform opp ned over formen, og snu de to, og gir et skarpt rykk nedover, og klangen faller på plass. For å løsne ramekins, kjør en kniv rundt kanten på hver av dem, og løs dem på varme tallerkener eller et fat, og gir et skarpt rykk nedover for hver enkelt på slutten.

Hell sausen over og rundt timbalen eller ramekins, og server umiddelbart, og legg resten av sausen over i en oppvarmet bolle.

Timbales er best som en separat retter, med varmt franskbrød og en avkjølt hvit Burgundy, Graves eller Traminer.

40. Canard a l'Orange / Andestek med appelsinsaus

INGREDIENSER:
LAGER TIL SAUSEN
- Andevingeender, hals, innmat
- 2 ss matolje
- 1 middels gulrot, i skiver
- 1 middels løk, i skiver
- 1 kopp biffbuljong
- 2 kopper vann
- 4 persillekvister, 1 laurbærblad og $\frac{1}{4}$ ts salvie

APPELSINSkallet
- 4 fargerike appelsiner, navle eller Valencia, hvis mulig
- 1 liter vann

STEKE ANDA
- Steketid: 1 time og 30 til 40 minutter.
- En 5-lb. kokeklar andung
- $\frac{1}{2}$ ts salt
- $\frac{1}{8}$ ts pepper
- ⅓ av det tilberedte appelsinskallet
- En grunn stekepanne med rist, akkurat stor nok til å holde anda lett

FORTSETTER MED SAUSEN; DE ORANSJE SEGMENTENE
- 3 ss perlesukker
- $\frac{1}{4}$ kopp rødvinseddik
- De 2 koppene andekraft
- 2 Tb pilrot blandet med 2 Tb port
- Resten av appelsinskallet, og appelsinene

SLUTTMONTERING OG SERVERING
- $\frac{1}{2}$ kopp tørr port
- Den tilberedte sausbunnen
- 2 til 3 ss appelsinlikør
- Dråper appelsinbitter eller sitronsaft

- 2 til 3 ss myknet smør

BRUKSANVISNING:

a) Skjær andevingeendene, halsen og innmaten i 1-tommers biter. Brun i en stekepanne i varm matolje med skivet gulrot og løk. Overfør til en tykk kasserolle, tilsett buljong og nok vann til å dekke med 1 tomme. La det småkoke, skum av avskum, tilsett deretter urter og la det småkoke i 2 til 2½ time. Sil, skum av alt fett, og kok ned til du har 2 kopper væske. Når den er kald, dekk til og avkjøl til nødvendig.

b) Bruk en grønnsaksskreller og fjern bare den oransje delen av skinnet i strimler. Skjær i fine julienne (små strimler ikke mer enn 1/16 tomme brede og 1½ tomme lange). La småkoke i 15 minutter i 1 liter vann, for å fjerne bitterhet; Tøm deretter, skyll i kaldt vann og tørk i tørkepapir. En del av skallet går inn i sausen; del, inne i anda. Pakk den inn i vokset papir og avkjøl hvis du ikke er klar til å bruke den. Pakk inn og avkjøl de delvis skrellede appelsinene til senere.

c) Forbered anda som beskrevet i begynnelsen av oppskriften; tørk godt, krydre hulrommet med salt og pepper, og tilsett appelsinskallet. Fagverk vinger og ben til kroppen og tett hulrom. For nøyaktig timing må and ha romtemperatur.

d) Hvis du steker anda på roterende spidd, bruk moderat høy varme. For steking i ovn, forvarm til 450 grader og sett andebrystet opp på rist i stekepanne; etter 15 minutter, skru ned ovnen til 350 grader, snu deretter anda fra den ene siden til den andre hvert 15. minutt, og over på ryggen de siste 15 minuttene. Tråkling er ikke nødvendig.

e) For å finne ut når anda er ferdig, prikk den tykkeste delen av trommestikken dypt med en gaffel: saften skal bli svakt rosenrød for å bli klar; når anda er drenert, skal de siste dråpene med juice fra ventilen løpe svakt rosenrødt til klart gult.

f) Bland sukkeret og eddiken i en liten kjele, virvl over varmen for å smelte sukkeret helt, og kok deretter raskt til blandingen er en karamellbrun. Fjern fra varmen og slå inn halvparten av andekraften; småkoke under omrøring for å løse opp karamellen. Fjern fra varmen, hell i resten av andekraft og bland inn pilrotblandingen. Tilsett appelsinskall og la det småkoke i 3 til 4 minutter; riktig krydret. Sausen blir litt tyknet og klar.

g) Kort tid før servering, skjær den hvite delen av skallet av appelsinene, og skjær deretter appelsinene i pene, skinnfrie segmenter – hvis det gjøres for langt frem, vil ikke segmentene smake friskt. Avkjøl i en dekket bolle til servering.

h) Når anda er ferdig, legg på serveringsfat og kast trussstrengene; hold den varm i avslått ovn til den skal serveres. Hell fett ut av stekepannen, hell i portvinen og skrap opp all koagulert stekesaft med en tresleiv. Hell blandingen i sausen og kok opp, tilsett appelsinlikør. Smak nøye; tilsett dråper bitter eller sitronsaft hvis sausen virker for søt. Rett før servering, fjern fra varmen og rør inn smør, en spiseskje om gangen.

i) Dekorer andebryst med oransje segmenter og haug resten av segmentene i hver ende av fatet; øs litt saus og skrell over anda, hell resten i en varm sausbåt og server.

41. Canard a La Montmorency

INGREDIENSER:

1 ss sitronsaft
3 tb port eller konjakk
Sukker etter smak (2 til 3 tb)
4 kopper kjøttgelé med vinsmak i en kjele
Et 12-tommers serveringsfat
En $4\frac{1}{2}$-lb. stekt and, avkjølt og skåret i serveringsstykker

BRUKSANVISNING:

Kast kirsebærene i en bolle med sitronsaft, portvin eller konjakk og sukker. La dem maserere (bratt) i 20 til 30 minutter. Tilsett så kirsebærene og deres maserasjonsjuice til kjøttgeléen. Hvis du bruker friske kirsebær, varm opp til under kokepunktet i 3 til 4 minutter for å posjere forsiktig uten å sprekke; varm 1 minutt kun for hermetiske kirsebær. Tøm og avkjøl.

Hell et $\frac{1}{8}$-tommers lag med varm gelé i et fat og avkjøl i 15 til 20 minutter til det er stivnet. Skrell skinnet fra utskåret and, og legg andestykker i et attraktivt design over et avkjølt gelélag på et fat. Hell et lag med kald sirupsgelé over anda (det første laget vil ikke feste seg godt), avkjøl 10 minutter og gjenta med påfølgende lag til du har et 1/16-tommers belegg.

Dypp avkjølte kirsebær i litt sirupsaktig gelé, legg over anda, og avkjøl igjen til det er stivnet. Hell et siste lag eller to med gelé over and og kirsebær. Hell gjenværende gelé i en tallerken, avkjøl, hakk og skje rundt anda. Hvis du har ekstra gelé, kan det også være lurt å lage flere dekorasjoner med geléutskjæringer. Avkjøl anda frem til servering - du kan fullføre retten en dag i forveien.

42. Homard a l'Américaine

INGREDIENSER:
STEKER HUMMER
Tre 1½-lb. levende hummer
3 ss olivenolje
En tung 12-tommers emaljert stekepanne eller gryte
Småkoking i vin og smakstilsetninger
1 middels gulrot, finhakket
1 middels løk, finhakket
Salt og pepper
3 ss finhakket sjalottløk eller løk
1 fedd most hvitløk
⅓ kopp konjakk
1 lb. tomater, skrellet, frøet, juicet og hakket; eller ⅓ kopp vanlig tomatsaus
2 ss tomatpuré, eller mer tomatsaus om nødvendig
1 kopp fiskekraft eller ⅓ kopp muslingjuice
1 kopp tørr hvit vermouth
½ kopp kjøttkraft eller buljong
2 ss finhakket persille
1 ts tørket estragon, eller 1 ss fersk estragon
FERDIG AV HUMMER
Hummerkorallen og grønn materie
6 ss myknet smør
En sil satt over en 2-liters bolle
En tresleiv
SERVERING
En ring med dampet ris eller risotto på et varmt, lett smurt fat
2 til 3 ss hakket persille, eller persille og fersk estragon

BRUKSANVISNING:

Forbered hummeren som beskrevet i forrige avsnitt. Varm oljen i pannen til den er veldig varm, men den ryker ikke. Tilsett hummerbitene med kjøttsiden ned og fres i flere minutter, snu dem, til skjellene er knallrøde. Fjern hummer til en siderett.

Forvarm ovnen til 350 grader.

Rør terninger av gulrot og løk i pannen, og kok sakte i 5 minutter eller til de er nesten møre. Krydre hummeren med salt og pepper, legg tilbake i gryten og tilsett sjalottløk eller løk og hvitløk. Med en stekepanne over moderat varme, hell i konjakken. Vend ansiktet ditt, tenn konjakk med en tent fyrstikk, og rist gryten sakte til flammene har stilnet. Rør inn resten av ingrediensene, kok opp, dekk til og stek sakte enten på toppen av komfyren eller midt i en forvarmet ovn. Reguler varmen slik at hummeren putrer stille i 20 minutter.

Mens hummeren putrer, tving hummerkorallen og grønnsaken med smøret gjennom silen og ned i bollen. Sette til side.

Når hummeren er ferdig, ta den over i en siderett. (Ta kjøttet ut av skjellene hvis du må.) Sett pannen med kokevæsken på høy varme og kok raskt til sausen har redusert og tyknet litt; det vil tykne mer når smør-og-korallblandingen tilsettes senere. Smak veldig nøye til krydder. Ha hummeren tilbake i sausen.

Oppskriften kan være ferdig til dette punktet, og ferdig senere.

La hummeren småkoke til den er godt gjennomvarme. Fjern fra varme. Slå en halv kopp av den varme sausen dråpevis inn i korall-og-smørblandingen, og hell deretter blandingen tilbake over hummeren. Rist og virvl pannen over lav varme i

2 til 3 minutter for å posjere korallene og gjøre sausen tykkere, men ikke la det småkoke.

Anrett hummer og saus i risringen, pynt med urter og server umiddelbart. En sterk, tørr hvitvin som Burgundy eller Côtes du Rhône vil være det beste valget.

43. Potee Normande: Pot-Au-Feu

INGREDIENSER:

OKSE- OG SVINEKJØTT ELLER KALV

- En vannkoker som er stor nok til å inneholde alle ingrediensene i oppskriften
- En 4-lb. beinfri biff-chuck grytestek
- En 4-lb. beinfri svine- eller kalveskulder
- 2 hver av selleri ribber, gulrøtter, løk
- 1 lb. okse- og kalvebein, sprukket
- En stor urtebukett: 8 persillekvister, 6 pepperkorn, 4 fedd, 3 fedd hvitløk, 2 ts timian, 2 laurbærblader, alt bundet i vasket osteduk
- 2 ss salt

KYLLING OG FYL

- 4 kopper gamle hvite brødsmuler
- En stor miksebolle
- $\frac{1}{4}$ til $\frac{1}{2}$ kopp buljong eller melk
- $\frac{1}{4}$ kopp smeltet smør
- $\frac{1}{4}$ kopp kokt skinke i terninger
- 3 unser ($\frac{1}{2}$ pakke) kremost
- $\frac{1}{2}$ ts timian
- 1 egg
- Den hakkede kyllingleveren, hjertet og den skrellede kråsen, tidligere sautert i smør med ⅔ kopp hakket løk
- Salt og pepper etter smak
- En 4-lb. stuve kylling

GRØNNSAKSPYNT OG PØLSE

- Gulrøtter, skrelt og delt i kvarte
- Kålrot, skrelt og delt i kvarte
- Løk, skrelt, rotender gjennomboret
- Purre, kuttet til 6 til 8 tommer lang, grønn del delt på langs, grundig vasket
- Hel polsk pølse eller individuelle italienske pølser

BRUKSANVISNING:

a) Ha okse- og svine- eller kalvekjøttet godt bundet; til hvert kjøttstykke, fest en snor som er lang nok til å feste til håndtaket på kjelen. Legg biff i kjelen; knytte snor til å håndtere. Tilsett grønnsaker, bein, urtebukett og salt, og dekk til med 6 tommer med kaldt vann. La det småkoke, skum av avskum og la det småkoke i 1 time. Tilsett så kalv eller svinekjøtt.

b) Ha brødsmuler i en bolle, fukt med litt buljong eller melk, pisk deretter inn smør, skinke, ost, timian, egg og innmat, og smak til med salt og pepper. Fyll kyllingen og fest den, knytt en lang snor til den, legg den i kjelen og knytt enden av hyssingen for å håndtere den. Bring kjelen raskt tilbake til å putre, skum etter behov.

c) Forbered grønnsaker og bind hver gruppe i vasket osteduk; tilsett i kjelen $1\frac{1}{2}$ time før slutten av beregnet koketid. Legg til pølse, eller pølser (bundet i osteduk), $\frac{1}{2}$ time før slutt.

d) Kjøtt og kylling er ferdig når en gaffel lett stikker hull i kjøttet. Hvis potee er ferdig før du er klar, vil den holde seg varm i godt 45 minutter, eller kan varmes opp igjen.

SERVERING

e) For å servere, tøm kjøttet, kutt og kast strengene, og legg kjøtt og kylling på et stort, varmt fat. Fordel grønnsakene rundt, strø over persille, og dryss med litt av kokekraften. Sil og avfett en bolle med kokekraft til å servere sammen med fatet.

f) Foreslått tilbehør: kokt ris eller poteter; tomat-, kapers- eller pepperrotsaus; Kosher salt; pickles; Fransk brød; rød- eller rosévin.

44. Filets De Poisson En Soufflé

INGREDIENSER:
POSJERING AV FISKEN
- ½ lb. skinnfri flyndre eller tungefileter
- En kjele i emaljert eller rustfritt stål
- ½ kopp tørr hvit vermouth
- pluss vann, eller 1½ kopper hvitvinsfiskekraft
- 1 ss finhakket sjalottløk, grønn løk eller løk
- Salt og pepper

SOUFFLE-BLANDINGEN
- 2½ ss smør
- 3 ss mel
- En kasserolle på 2½ liter
- ¾ kopp varm melk
- Salt, pepper og muskatnøtt
- 1 eggeplomme
- 5 stivpiskede eggehviter
- ½ kopp grovrevet sveitserost

BRUKSANVISNING:
a) Legg fisken i kasserollen med vermut eller fiskekraft og nok kaldt vann til å dekke. Tilsett sjalottløk og krydder.
b) La det småkoke uten lokk i ca. 6 minutter, eller til fisken akkurat er gjennomstekt. fjern fisken til en siderett. Kok raskt ned matlagingsvæsken til du har omtrent ½ kopp; reserver halvparten til suffléblandingen og resten til sausen.
c) Kok smør og mel sammen i kasserollen i 2 minutter uten å farge. Fjern fra varme. Pisk inn den varme melken med en stålpisk, deretter ¼ kopp av matlagingsvæsken. Kok opp under omrøring i 1 minutt. Fjern fra varme. Pisk inn eggeplommen. Rør inn en fjerdedel av de piskede

eggehvitene, og vend deretter forsiktig inn resten av eggehvitene og alle unntatt 2 ss av osten.

BAKING AV SOFFLEEN

d) Forvarm ovnen til 425 grader.
e) Smør lett en oval ildfast tallerken ca 16 tommer lang. Fordel et $\frac{1}{4}$-tommers lag med suffléblanding i bunnen av fatet. Flak de posjerte fiskefiletene og del i 6 porsjoner på fatet. Legg resten av suffléblandingen over fisken, og lag 6 hauger.
f) Dryss over resten av osten og sett på rist i øvre tredjedel av den forvarmede ovnen. Stek i 15 til 18 minutter, eller til suffléen har puffet og brunet på toppen.

45. Cassoulet

INGREDIENSER:
BØNNENE
- En 8-liters kjele som inneholder 5 liter raskt kokende vann
- 5 kopper (2 lbs.) tørre hvite bønner (Great Northern eller small white California)
- ½ lb. fersk eller salt svinekjøtt
- 1 lb. magert salt svinekjøtt småkokt i 10 minutter i 2 liter vann
- En tung kasserolle
- 1 kopp skivet løk
- En stor urtebukett: 8 persillekvister, 4 uskrellede hvitløksfedd, 2 fedd, ½ ts timian og 2 laurbærblader bundet i vasket osteduk
- Salt

SVINEKJET
- 2½ lbs. utbenet svinestek (rygg eller skulder), overflødig fett fjernet

LAMMET
- 2½ lbs. utbenet skulder av lam
- 3 til 4 TB matolje
- En tung flammesikker gryte eller stor stekepanne
- 1 lb. sprukne lammebein
- 2 kopper hakket løk
- 4 fedd most hvitløk
- 6 TB tomatpuré
- ½ ts timian
- 2 laurbærblad
- 2 kopper tørr hvit vermouth
- 3 kopper oksebuljong
- 1 kopp vann
- Salt og pepper

HJEMMELAGEDE PØLSEKAKER

- 1 lb. (2 kopper) magert kvernet svinekjøtt
- ⅓ lb. (⅔ kopp) ferskt, kvernet svinekjøtt
- 2 ts salt
- ⅛ ts pepper
- Stor klype allehånde
- ⅛ ts smuldret laurbærblad
- Et lite fedd most hvitløk
- Valgfritt: ¼ kopp konjakk eller armagnac og/eller 1 liten hakket trøffel og juice fra boks

SLUTTMONTERING

- 2 kopper tørre hvite brødsmuler
- ½ kopp finhakket persille
- En 8-liters ildfast gryte eller bakebolle 5 til 6 tommer høy
- 3 ss stekefett eller smeltet smør

BRUKSANVISNING:

a) Slipp bønner i det kokende vannet. Kok raskt opp igjen og kok i 2 minutter. Fjern fra varmen og la bønnene trekke i 1 time. I mellomtiden legger du svineskall i en kjele med 1 liter vann, kok opp og kok i 1 minutt. Tøm, skyll i kaldt vann og gjenta prosessen. Deretter, med saks, kutt skallet i strimler ¼ tomme brede; skjær strimler i små trekanter. Legg igjen i en kjele, tilsett 1 liter vann, og la det småkoke veldig sakte i 30 minutter; sett kjelen til side.

b) Så snart bønnene har ligget i bløt i 1 time, tilsett saltet svinekjøtt, løk, urtepakke og svineskall med kokevæsken i kjelen. La det småkoke, skum av avskum og la det småkoke, uten lokk, i ca 1½ time eller til bønnene er så vidt møre. Tilsett kokende vann, om nødvendig under koking, for å holde bønner dekket. Smak til med salt mot slutten av tilberedningen. La bønner ligge i kokevæsken til de skal brukes.

c) Stek svinekjøttet til en innvendig temperatur på 175 grader. Sett til side, behold matlagingsjuicer.

d) Skjær lam i 2-tommers biter, tørk grundig og brun noen stykker om gangen i veldig varm matolje i den flammesikre gryten eller den store pannen. Ta kjøttet i en siderett, brun beinene, fjern dem og brun løken lett. Tøm ut bruningsfettet, returner kjøtt og bein, og rør inn hvitløk, tomatpuré, timian, laurbærblad, vin og buljong. La det småkoke, krydre lett, dekk til og la det småkoke i $1\frac{1}{2}$ time. Kast bein og laurbærblader, skum av fett og smak til med salt og pepper.

e) Pisk alle ingrediensene sammen; form til kaker 2 tommer i diameter og $\frac{1}{2}$ tomme tykke. Brun lett i en stekepanne, og la renne av på tørkepapir.

f) Tøm bønnene, kast urtepakken og kutt saltsvinet i $\frac{1}{4}$-tommers serveringsskiver. Skjær svinekjøttet i $1\frac{1}{2}$ til 2-tommers serveringsbiter. Legg et lag med bønner i bunnen av gryten eller bakebollen. Dekk med et lag med lam, svinekjøtt, salt svinekjøtt og pølsekaker. Gjenta med lag med bønner og kjøtt, avslutt med et lag med pølsekaker.

g) Hell i lammekokejuicen, svinestekejuicen og nok bønnekokevæske til å dekke det øverste laget av bønner. Bland brødsmuler og persille sammen, fordel over bønnene og pølsekakene, og drypp på fettet eller smøret. Sett til side eller avkjøl til den er klar for siste tilberedning.

BAKING

h) Forvarm ovnen til 400 grader.
i) La gryten småkoke på toppen av komfyren, og sett deretter i den øvre tredjedelen av den forvarmede ovnen. Når toppen har fått en lett skorpe, om ca 20 minutter, skru ned ovnen til 350 grader. Bryt skorpen i bønnene med baksiden av en skje, og tråkk med væsken i gryten.
j) Gjenta flere ganger mens skorpen dannes igjen, men la den siste skorpen være intakt til servering. Hvis væsken blir for tykk, tilsett noen skjeer bønnekokingsjuice. Cassoulet skal bake i omtrent en time.

46. Coulibiac De Saumon En Croûte

INGREDIENSER:
KONFERDEIGEN
- 4 kopper universalmel (siktet direkte i hver kopp og jevnet ut med en flat kniv)
- En stor miksebolle
- 1¾ pinner (7 unser) avkjølt smør
- 4 ss kjølt grønnsaksfett
- 2 ts salt oppløst i ¾ kopp kaldt vann
- 1 eller mer tb kaldt vann, etter behov
- 2 ss myknet smør (til lokk)

RISEN
- 2 ss finhakket løk
- 2 ss smør
- En tung kasserolle på 2 liter
- 1½ kopper tørr, rå, vanlig ris
- 3 kopper fisk eller kyllingbuljong
- Salt og pepper

TOPPLEKKEN (MOCK MØRDEIG, ELLER FLAKKET DEIG)
- 2 ss myknet smør

LAKSEN OG SOPPEN
- 2 kopper finhakket sopp, tidligere sautert i smør
- ½ kopp finhakket sjalottløk eller løk
- 2 ss smør
- ½ kopp tørr hvit vermouth
- ¼ kopp konjakk
- 2½ kopper skinn- og benfri laks, hermetisert eller tidligere tilberedt
- ½ kopp finhakket fersk persille
- 1 ts oregano eller estragon
- Salt og pepper

FYLLING OG INNREDNING AV KASSEN

- 2 kopper fløtesaus med god smak, med eventuelt laksejuice
- Eggglasur (1 egg pisket med 1 ts vann)

BRUKSANVISNING:

a) Ha mel i en miksebolle og kjør det avkjølte smøret og matfettet inn i det med en konditormikser eller fingertuppene til blandingen minner om grovt maismel. Med cupped fingre på én hånd, bland raskt inn vannet, press deigen sammen, tilsett mer vann i dråper om nødvendig, for å lage en smidig, men ikke fuktig og klebrig deig.

b) Samle den til en ball, plasser den på et brett, og skyv raskt to skjeer av den ut og vekk fra deg med hælen på hånden i en 6-tommers smøre. Dette utgjør den endelige blandingen av fett og mel. Trykk til en ball, pakk inn i vokset papir og avkjøl i 2 timer eller til den er fast.

BUNNEKASSEN

c) Forvarm ovnen til 425 grader.

d) Rull to tredjedeler av deigen til et rektangel $\frac{1}{8}$ tommer tykt og stort nok til å passe på utsiden av bunnen av en brødform som er 13 til 14 tommer lang og 3 tommer bred. Smør utsiden av pannen, snu den opp ned, og legg deigen over den, la deigen komme ned til en dybde på 2 tommer. Trim deigen jevnt rundt og prikk over det hele med tindene på en gaffel. Stek i 6 til 8 minutter i en forvarmet ovn, til deigen akkurat har stivnet og begynner å få farge. Ta ut og løs formen på en rist.

e) Rull den gjenværende deigen til et rektangel, fordel den nederste halvdelen med 1 ss myknet smør, og brett over den øverste halvdelen for å dekke med bunnen. Gjenta med en annen spiseskje smør. Pakk inn i vokset papir og avkjøl.

f) Surr løkene i smør i kjelen i 5 minutter uten å la den brunes. Rør inn risen, kok sakte i flere minutter til kornene er melkeaktige, og rør deretter inn buljongen. Kok opp, rør om en gang, dekk deretter pannen og la det småkoke ved moderat hurtig koking uten å røre i ca. 18 minutter, til risen har absorbert væske. Luft lett med en gaffel og smak til med salt og pepper. (Kan gjøres på forhånd.)

g) Kok sjalottløken eller løken sakte i smøret i 2 minutter; rør inn sopp, vermouth og konjakk, og kok i flere minutter for å fordampe alkohol. Rør deretter inn laksen, persille og estragon, og varm opp i flere minutter for å blande smaker. Smak til med salt og pepper. (Kan gjøres på forhånd.)

h) Forvarm ovnen til 425 grader.

i) Plasser konditorformen på et bakepapir med lett smør. Legg et lag med ris i bunnen av saken, dekk med et lag med sopp og laks, deretter med et lag saus. Gjenta med lag med ris, laks og saus, og fyll fyllet i en kuppel hvis det renner over boksen.

j) Rull deigen som er reservert for toppdekselet til et rektangel som er $1\frac{1}{2}$ tommer lengre og bredere på hver side enn konditoren. Mal sidene av saken med sammenvispet egg, legg på deigdekselet og trykk tett mot saken for å forsegle godt. Kjevle ut rester av deig; kuttet i flotte former. Mal dekke med eggglasur, fest dekorasjoner og mal med egg.

k) Trekk tindene på en gaffel over eggglasuren for å lage kryssskraveringsmarkeringer. Stikk 2 1/8-tommers hull i deigdekselet og sett inn papir- eller folietrakter; disse vil tillate damp å slippe ut. (Hvis du ønsker å fylle og dekorere saken på forhånd, slipp eggglasur, bruk den kun til å feste dekorasjoner. Sett i kjøleskap til steketiden, og glaser deretter med egg.)

l) Stek i midterste nivå av forvarmet ovn i 45 til 60 minutter (lengre hvis saken har vært avkjølt) til bakverket er pent brunet og du kan høre boblende lyder som kommer opp gjennom trakter.

SERVERING

m) Du vil nok ha en saus til dette; den trenger litt fukting mens du spiser den - smeltet smør, sitronsmør, lett fløtesaus med sitronsmak, mock hollandaise. Smørte erter passer fint til, eller en grønn eller blandet grønnsakssalat.

n) Server en hvit Burgund- eller Traminer-vin.

47. Veau Sylvie

INGREDIENSER:
SLIPING OG MARINERING AV KALVET
- En benfri kalvestek på 3½ pund

MARINADE INGREDIENSER
- ⅓ kopp konjakk
- ⅓ kopp tørr Sercial Madeira
- ½ kopp hver av skivede gulrøtter og løk
- En stor urtebukett: 4 persillekvister, 1 laurbærblad, ½ ts timian og 4 pepperkorn bundet i vasket osteduk

STOPPE KALVET
- 6 eller flere skiver kokt skinke 1/16 tomme tykke
- 12 eller flere skiver sveitserost 1/16 tomme tykke
- Hvis du kan finne det eller bestille det: Et stykke caul fett (grise caul)
- Tung hvit streng

BRUNNING AV STEKEN
- 3 ss smør
- 1 ss matolje
- En dekket gryte eller stekeovn som er stor nok til å holde kjøttet

KALVSTEKING
- ½ ts salt
- ⅛ ts pepper
- 2 strimler fett bacon kokt i 10 minutter i 1 liter vann, skyllet og tørket (eller en stripe med suet)
- Et stykke aluminiumsfolie

SAUS OG SERVERING
- Et varmt serveringsfat
- 1 kopp storfebuljong eller buljong
- 1 ss maisstivelse blandet i en liten bolle med 2 ss Madeira eller kraft
- 2 ss myknet smør

BRUKSANVISNING:

a) Lag en serie dype, parallelle kutt i steken, omtrent 1 tomme fra hverandre, start på toppen av steken, og gå med kornet lengden på kjøttet fra den ene enden til den andre, og til innenfor ½ tomme fra bunnen av steken. Du vil altså ha 3 eller 4 tykke kjøttskiver som er fri i toppen og sidene, men som alle er festet sammen i bunnen.

b) Hvis kjøttet ditt inneholder mange muskelseparasjoner vil det se veldig rotete ut, men vil bindes i form igjen senere. Hvis du ønsker å marinere kjøttet, bland marinadeingrediensene i en stor bolle, tilsett kjøttet og tø med væsken. Snu og tråkle hver time eller så i minst 6 timer, eller over natten, i kjøleskapet. Tørk av kjøttet og tørk godt før du går videre til neste trinn.

c) Plasser steken slik at bunnen hviler på skjærebrettet. Dekk hvert kjøttblad helt med et lag skinke mellom to lag ost, og lukk deretter kjøttbladene sammen for å gjenopprette steken. (Hvis du har caul fett, pakk steken inn i den; den vil holde farsen på plass og smelte under tilberedningen.) Knyt løkker med hyssing rundt kjøttet for å holde det i form. Tørk steken igjen i tørkepapir så den blir pent brun.

d) Forvarm ovnen til 450 grader.

e) Sil marinaden, for å skille grønnsaker fra væske (eller bruk friske grønnsaker). Varm smør og olje i stekeovnen og kok marinadegrønnsakene sakte i 5 minutter. Skyv dem til sidene av pannen, hev varmen til moderat høy, ha i kalvekjøttet med den ukuttede siden ned og la bunnen brunes i 5 minutter. Tørk med fettet i pannen, og plasser deretter gryten uten lokk i den øvre tredjedelen av den forvarmede ovnen for å brune toppen og sidene av kjøttet i ca. 15 minutter. Tørk hvert 4. eller 5. minutt med smør i en gryte. (Hvis du har brukt caul fett, kan du ganske enkelt brune steken i en stekepanne, hvis du ønsker det, fortsett deretter til neste trinn, og slipp det blancherte baconet.)

f) Skru ned ovnen til 325 grader. Hell i marinadevæsken, hvis du har brukt den, og krydre kjøttet med salt og pepper. Legg baconet eller sueten over kjøttet og folien. Dekk til gryten, og sett i nedre tredjedel av ovnen. Reguler varmen slik at kjøttet koker sakte og jevnt i ca $1\frac{1}{2}$ time. Kjøttet er ferdig når saften blir klargul hvis den prikkes dypt med en gaffel.

g) Fjern kjøttet på serveringsfatet, kast garnstrenger og bacon eller suet.

h) Skum fett av juice i gryte, hell i kraft eller buljong, og la det småkoke, uten fett, i et minutt eller to. Hev varmen og kok raskt, smak til smaken har konsentrert seg. Fjern fra varmen, pisk inn maisstivelsesblandingen, kok deretter under omrøring i 2 minutter. Korriger krydder nøye.

i) Fjern fra varmen og rør inn berikelsessmør til det har absorbert. Sil over i en varm sausbolle og hell litt over kjøttet.

48. Filet De Sole Sylvestre

INGREDIENSER:
BRUNOISEN AV AROMATISKE GRØNNSAKER
- Følgende kuttet i 1/16-tommers terninger, og utgjør $1\frac{3}{4}$ kopper i alt: 2 mellomstore løk, 2 mellomstore gulrøtter, 1 middels selleristængler, 8 persillestilker
- En liten, tung dekket kjele
- 2 ss smør
- $\frac{1}{2}$ laurbærblad
- $\frac{1}{4}$ ts estragon
- $\frac{1}{8}$ ts salt
- Klype pepper
- $\frac{1}{4}$ lb. fersk sopp kuttet i 1/16-tommers terninger

TILBEREDNING AV FISKEN
- 8 fileter av såle, flyndre eller hvitting som måler 9 x 2 tommer (2 per person)
- 1 kopp tørr hvit fransk vermouth
- Salt og pepper
- En 10- til 12-tommers bakeform, $1\frac{1}{2}$ til 2 tommer dyp, smurt
- $\frac{1}{4}$ til $\frac{1}{2}$ kopp kaldt vann

SAUS OG SERVERING
2 gryter i rustfritt stål eller emaljert
1 ss smør
1 ss mel
1 ss tomatpuré eller pasta
4 eller mer tb myknet smør

BRUKSANVISNING:
a) Etter å ha kuttet den første gruppen med grønnsaker i finest mulig terninger, kok dem på lav varme med smør, urter og krydder i ca. 20 minutter. De skal være perfekt

møre og den blekeste gylne fargen. Tilsett deretter soppen og kok sakte i 10 minutter til.
b) Forvarm ovnen til 350 grader.
c) Skjær fisken lett på siden som var ved siden av skinnet; dette er den ganske melkeaktige siden, og å trekke en kniv over den skjærer overflatemembranen, og forhindrer dermed fileten i å krølle seg mens den koker. Salt og pepre filetene lett, legg en skje kokte grønnsaker over halvparten av den skårede siden og brett i to kileformet. Legg fisken i ett lag i bakebollen.
d) Hell på vermouthen, og tilsett nok kaldt vann nesten til å dekke fisken. (Hvis du tilfeldigvis har fiskerammen [beinstrukturen], legg den over fisken.)
e) Dekk til med vokset papir. Hvis bakebollen din er flammesikker, la den så vidt småkoke på toppen av komfyren, og sett den deretter i nedre tredjedel av forvarmet ovn i ca. 8 minutter. Ellers setter du retten direkte i ovnen i ca 12 minutter. Fisken er ferdig når en gaffel lett stikker hull i kjøttet, og kjøttet så vidt flaker seg. Ikke overkok. Hold deg varm i avslått ovn, med døren på gløtt, mens du lager saus.
f) Hell all matlagingsvæsken i en av kasserollene og kok raskt ned til væsken har redusert til omtrent ⅔ kopp. I den andre gryten smelter du smør, blander inn mel og koker sakte uten å farge i 2 minutter. Fjern fra varmen og pisk kraftig inn den reduserte kokevæsken, deretter tomatsmak.
g) Rett før servering, fjern fra varmen og pisk inn det mykede smøret, ½ spiseskje om gangen. (Sausen kan ikke varmes opp igjen når smøret har kommet inn.)
h) Tøm fisken igjen, tilsett væske i sausen. Hell sausen over fisken og server umiddelbart.

49. Riz Etuvé au Beurre

INGREDIENSER:
- 1½ kopper ren, uvasket, rå ris
- En stor vannkoker som inneholder 7 til 8 liter raskt kokende vann
- 1½ ts salt per liter vann
- 2 til 3 ss smør
- Salt og pepper
- En tung 3-liters kjele eller gryte
- En runde med smørsmurt vokset papir

BRUKSANVISNING:
a) Dryss gradvis risen i det kokende saltede vannet, tilsett sakte nok til at vannet ikke faller under kokepunktet. Rør opp en gang for å være sikker på at ingen av kornene fester seg til bunnen av kjelen.
b) Kok uten lokk og moderat raskt i 10 til 12 minutter. Begynn å teste etter 10 minutter ved å bite påfølgende riskorn. Når et korn er akkurat mørt nok til å ikke ha noen hardhet i midten, men ennå ikke er ferdig kokt, tømmer du risen i et dørslag. Luft den opp under varmt rennende vann i et minutt eller to for å vaske bort eventuelle spor av rismel. (Det er dette, pluss overkoking, som gjør risen klissete.)
c) I kasserollen eller gryten smelter du smøret og rører inn salt og pepper. Så snart risen er vasket, vend den inn i pannen, luft med en gaffel for å blande med smør og krydder.
d) Dekk med smurt vokspapir, og sett deretter på lokket. Damp over kokende vann eller, fortsatt i vann, i en 325-graders ovn i 20 til 30 minutter, til kornene har svellet og risen er mør. Hvis den ikke skal serveres umiddelbart,

fjern fra varmen og sett til side kun dekket av vokspapiret.

e) For å varme opp igjen, dekk til og sett over kokende vann i 10 minutter eller så. Ha i mer salt og pepper etter smak rett før servering.

50. Risotto a La Piémontaise

INGREDIENSER:

2 ss smør
En tykkbunnet 2-liters kasserolle
1¼ kopp uvasket rå hvit ris
¼ kopp tørr hvit vermouth
2½ kopper kyllingkraft eller buljong
Salt og pepper

BRUKSANVISNING:

Smelt smøret over moderat varme. Tilsett risen og rør sakte med en tregaffel til kornene blir gjennomskinnelige, deretter gradvis melkehvite - ca. 2 minutter.

Tilsett vermouth og la trekke inn, og rør deretter inn en tredjedel av kyllingkraften eller buljongen. Senk varmen og la risen koke på det laveste i 3 til 4 minutter, rør av og til. (Begynn på kalvekjøttet på dette tidspunktet, og fortsett de to operasjonene samtidig.)

Når væsken er absorbert, rør inn halvparten av den gjenværende kraften og fortsett å koke sakte, rør av og til med tregaffelen, og når væsken er absorbert igjen, tilsett den siste kraften.

Når dette endelig er absorbert smaker du på risen. Hvis den ikke er så mør som du ønsker, tilsett litt mer kraft eller vann og dekk kjelen i noen minutter.

Ris bør ta 15 til 18 minutter total koketid. Smak til med salt og pepper. (Hvis det er gjort på forhånd, dekk til og varm opp over varmt vann.)

51. Sauté De Veau (Ou De Porc) Aux Champignons

INGREDIENSER:

- 1½ til 2 lbs. indrefilet av kalve eller svin kuttet i 3/4-tommers skiver
- En tung 10-tommers stekepanne
- 2 ss smør
- 1 ss matolje
- En 8- til 10-unse boks med soppstilker og -stykker
- ½ ts estragon, timian eller blandede urter
- ¼ ts salt; en klype pepper
- Valgfritt: lite fedd most hvitløk
- 2 eller 3 ss finhakket løkløk
- ¼ kopp Sercial Madeira eller tørr hvit fransk vermouth

BRUKSANVISNING:

Tørk kalve- eller svinekjøttet på tørkepapir. Varm olje og smør i gryten. Når smørskummet nesten har gitt seg, tilsett kjøttet og fres over høy varme, rør ofte, til det har fått en lett farge på alle sider. Senk varmen og fortsett å steke, vend av og til til kjøttet har stivnet når du trykker på det med fingeren. (Total koketid er 7 til 10 minutter; i løpet av denne perioden vil du ha tid til å passe på risen, kutte løk og persille og sette sammen suppen.)

Tøm soppen og legg i kjøttet. Dryss på urter, salt og pepper; legg til den valgfrie hvitløken og løkløken; sleng et øyeblikk, og hell deretter i soppjuicen og vinen. Kok ned til halvparten. Sett til side hvis du ikke er klar til å servere og varm opp igjen ved behov.

52. Bouillabaisse a La Marseillaise / Middelhavsfiskesuppe

INGREDIENSER:
SUPPEBASEN
- 1 kopp hakket gul løk
- $\frac{3}{4}$ til 1 kopp oppskåret purre, kun hvit del; eller $\frac{1}{2}$ kopp mer løk
- $\frac{1}{2}$ kopp olivenolje
- En tung 8-liters kjele eller gryte
- 2 til 3 kopper hakkede friske tomater, eller $1\frac{1}{4}$ kopper drenerte hermetiske tomater, eller $\frac{1}{4}$ kopp tomatpuré
- 4 fedd most hvitløk
- $2\frac{1}{2}$ liter vann
- 6 persillekvister
- 1 laurbærblad
- $\frac{1}{2}$ ts timian eller basilikum
- $\frac{1}{8}$ ts fennikel
- 2 store klyper safran
- Et 2-tommers stykke eller $\frac{1}{2}$ ts tørket appelsinskall
- $\frac{1}{8}$ ts pepper
- 1 ss salt (ingen hvis du bruker muslingjuice)
- 3 til 4 lbs. fiskehoder, bein og avskjær, inkludert skalldyrrester; eller 1 liter muslingjuice og $1\frac{1}{2}$ liter vann, uten salt

TILBEREDNING AV BOUILLABAISSE
- Suppebunnen
- 6 til 8 lbs. assortert mager fisk, og skalldyr hvis du ønsker, valgt og tilberedt i henhold til instruksjonene i begynnelsen av oppskriften

SERVERING
- En kokeplate
- En suppeterrin eller suppegryte
- Runder med ristet franskbrød
- ⅓ kopp grovhakket fersk persille

BRUKSANVISNING:

a) Stek løk og purre sakte i olivenolje i 5 minutter uten å brune. Rør inn tomater og hvitløk, og stek i 5 minutter til.

b) Tilsett vann, urter, krydder og fisk eller muslingjuice i kjelen. Kok opp, skum og kok uten lokk ved sakte oppkok i 30 til 40 minutter. Sil, rett krydder. Sett til side uten lokk til den er avkjølt hvis du ikke er ferdig med bouillabaissen umiddelbart, og avkjøl deretter.

c) Gi suppebunnen et raskt oppkok i kjelen ca 20 minutter før servering. Tilsett hummer, krabber og fisk med fast kjøtt. Kok raskt opp igjen og kok raskt, uten lokk, i 5 minutter. Tilsett deretter den møre fisken og muslingene, blåskjellene og kamskjellene. Kok opp igjen i 5 minutter. Ikke overkok.

d) Løft umiddelbart ut fisken og legg på fatet. Smak forsiktig til suppen som krydder, legg 6 til 8 brødskiver i terrinen og hell i suppen. Hell en sleiv suppe over fisken, og dryss persille over både fisk og suppe. Server umiddelbart.

e) Ved bordet får hver gjest servert eller forsyner seg med både fisk og suppe, og legger dem i en stor suppetallerken. Spis bouillabaisse med en stor suppeskje og gaffel, hjulpet sammen med flere stykker franskbrød. Hvis du ønsker å servere vin, kan du velge mellom rosé, en sterk tørr hvitvin som Côtes du Rhône eller Riesling, eller en lys, ung rød som Beaujolais eller innenlandsk Mountain Red.

53. Salpicón De Volaille

INGREDIENSER:

- 3 ss smør
- En stor gryte eller kasserolle
- 3 til 4 ss hakket sjalottløk eller løk
- 3 til 4 kopper kylling- eller kalkunkjøtt skåret i $\frac{3}{8}$-tommers terninger
- Ca 2 kopper kokt skinke eller tunge i terninger
- Salt og pepper
- $\frac{1}{2}$ ts estragon eller oregano
- $\frac{1}{2}$ kopp tørr hvit vermouth
- Valgfrie tillegg: en kopp eller så kokt sopp, agurk, grønn paprika, erter, asparges eller brokkoli; 1 eller 2 hardkokte egg i terninger
- 2 til 3 kopper tykk veloutésaus (se merknad nedenfor)

BRUKSANVISNING:

Smelt smøret i kjelen eller pannen, rør inn sjalottløk eller løk og kok sakte i 1 minutt. Rør inn kylling eller kalkun, skinke eller tunge, smak til med salt, pepper og urter. Hev varmen og bland sammen i 2 minutter for å varme kjøttet med krydder. Hell i vinen; kok raskt ned til væsken nesten har fordampet. Brett inn valgfrie tilsetninger, og nok veloutésaus til å dekke alle ingrediensene. Smak forsiktig til krydder. Hvis den ikke skal brukes umiddelbart, film topp med krem eller smeltet smør, og varm opp igjen ved behov.

54. Poulet Grillé Au Naturel / Vanlig stekt kylling

INGREDIENSER:
En 2½-lb. steke kylling
2 ss smør
1 ss matolje
En grunn stekepanne eller bakebolle
Salt
2 ss finhakket sjalottløk eller løk
½ kopp biff eller kyllingbuljong

BRUKSANVISNING:
Tørk kyllingen grundig med tørkepapir. Smelt smøret med matoljen, pensle kyllingen over det hele og legg skinnsiden ned i stekepannen eller bakebollen. Plasser kyllingen slik at overflaten av kjøttet er 5 til 6 tommer fra det varme broilerelementet; Kylling skal koke sakte og ikke begynne å brune i 5 minutter. Etter 5 minutter, pensle kyllingen med smør og olje; den skal akkurat begynne å bli brun. Reguler varmen deretter. Tråkk igjen med smør og olje i 5 minutter, og etter 15 minutter, gi en siste tråkling, dryss med salt og snu kyllingsiden opp. Fortsett å steke, tråkle hvert femte minutt (bruk fett og juice i pannen) i ytterligere 15 minutter eller til trommestikkene er møre når de presses og saften blir klargul når den kjøttfulle delen av mørkt kjøtt prikkes dypt.
Fjern kyllingen på et varmt fat, skum alt unntatt 2 ss tråklefett ut av pannen, og rør inn sjalottløk eller løk. Stek på komfyren under omrøring et øyeblikk, og tilsett deretter buljong. Kok raskt, skrap koagulert matlagingsjuice inn i buljong til væsken har redusert til en sirupsaktig konsistens. Hell over kyllingen og server. (For å servere, kutt i to på langs gjennom brystbenet, løft deretter hver bendel og trekk ut av brystet.)

55. Poulet Grillé a La Diable

INGREDIENSER:
En 2½-lb. steke kylling
2 ss smør
1 ss matolje
3 ss Dijon-type (sterk) tilberedt sennep
1½ ss finhakket sjalottløk eller løk
¼ ts timian, basilikum eller estragon
3 dråper tabascosaus
1 kopp ferske hvite brødsmuler (fra hjemmelaget brød)

BRUKSANVISNING:
Stek kyllingen som beskrevet i forrige oppskrift, men stek den kun i 10 minutter på hver side. Slå sennep, sjalottløk eller løk, urter og tabasco i en liten bolle; pisk deretter inn halvparten av tråklefettet og saften fra stekepannen, dråpe for dråpe, for å lage en majoneslignende saus. Behold resten av fettet og juicen til senere.

Fordel undersiden (ikke skinnsiden) av kyllingen med halvparten av sennepsblandingen, og dekk med et lag brødsmuler. Legg kyllingen med skinnsiden ned på en rist i en stekepanne og tø med halvparten av den reserverte stekesaften. Legg kyllingen tilbake til varm broiler i 5 til 6 minutter, til smulene har brunet pent. Snu kyllingen med skinnsiden opp, fordel med gjenværende sennep, dekk med smuler og tråkk med den siste stekesaften. Gå tilbake til broiler i 5 til 6 minutter til, eller til kyllingen er ferdig.

56. Pois Frais En Braisage / Peas Braised with Salat

INGREDIENSER:

2 lbs. ferske erter (ca. 3 kopper, avskallede)
1 medium hode Boston-salat, vasket og strimlet
½ ts salt
1 til 2 ss sukker (avhengig av ertenes sødme)
4 ss finhakket løkløk
4 ss myknet smør
En tykkbunnet kjele

BRUKSANVISNING:

Legg erter og resten av ingrediensene i en kjele og klem dem alle sammen grovt med hendene for å blåse ertene litt. Tilsett kaldt vann så ertene knapt dekkes. Sett over moderat høy varme, dekk pannen godt og kok i 20 til 30 minutter; etter ca 20 minutter, test erter for ømhet ved å spise en. Fortsett å koke til ertene er møre og væsken har fordampet; tilsett 2 til 3 spiseskjeer vann hvis nødvendig. Korriger krydder og server. (Hvis ikke servert umiddelbart, sett til side uten lokk. Varm opp med 2 ss vann, dekk til og kok et øyeblikk eller to, vend ofte, til ertene er gjennomvarme.)

57. Potage Crème De Cresson / Krem av brønnkarse-suppe

INGREDIENSER:
TILBEREDNING AV KRANSE
- ½ kopp finhakket løk
- 3 ss smør
- En 3-liters dekket kjele
- 3 til 4 pakkede kopper friske brønnkarseblader og møre stilker, vasket og tørket i et håndkle
- ½ ts salt

Småkoker
- 3 ss mel
- 5½ kopper kokende kyllingkraft

ENDELIG BERIKELSE
- 2 eggeplommer blandet i en miksebolle med ½ kopp tung fløte
- 1 til 2 ss myknet smør

BRUKSANVISNING:
a) Stek løken sakte i smøret i kasserollen i ca 10 minutter. Når den er mør og gjennomsiktig, rør inn brønnkarse og salt, dekk til og kok sakte i 5 minutter eller til den er helt visnet.
b) Dryss melet i brønnkarseblandingen og rør over moderat varme i 3 minutter. Fjern fra varmen, bland inn den varme kraften og la det småkoke i 5 minutter. Puré gjennom en matkvern, ha tilbake i kasserollen, og tilsett krydder. Sett til side til kort tid før servering, og varm opp igjen til koking.
c) Slå en kopp varm suppe med drypp i eggeplommene og fløten, pisk inn resten av suppen gradvis i en tynn stråle. Ha suppen tilbake i kjelen og rør over moderat varme et øyeblikk eller to for å posjere eggeplommene, men ikke la

det småkoke. Fjern fra varmen og rør inn berikelsessmøret en spiseskje om gangen.
d) For å servere kald, slipp den siste smøranrikningen og avkjøl. Hvis for tykk, rør inn mer fløte før servering.

58. Navarin Printanier / Lammegryte med gulrøtter

INGREDIENSER:
- Bryst, for fett og tekstur
- Skulder, for magre, solide stykker
- Short Ribs, for tekstur og smak
- Hals, for tekstur og saus konsistens

BRUNNING AV LAMMET
- 3 lbs. Lammegrytekjøtt
- 3 til 4 TB matolje
- En 10- til 12-tommers stekepanne
- En 5- til 6-liters flammesikker gryte eller nederlandsk ovn
- 1 ss perlesukker
- 1 ts salt
- ¼ ts pepper
- 3 ss mel

BRYSTER
- 2 til 3 kopper brun lam eller storfekraft eller hermetisk biffbuljong
- 3 mellomstore tomater, skrellet, frøet, juicet og hakket; eller 3 ss tomatpuré
- 2 fedd most hvitløk
- ¼ ts timian eller rosmarin
- 1 laurbærblad

TILLEGG AV ROTGRØNNSAKER
- 6 til 12 "kokende" poteter
- 6 kålrot
- 6 gulrøtter
- 12 til 18 små hvite løk ca 1 tomme i diameter

TILLEGG AV DE GRØNNE GRØNNSAKENE
- 1 kopp avskallede grønne erter (ca. ⅔ lb. uten skall)
- 1 kopp grønne bønner (ca. ¼ lb.) kuttet i ½-tommers biter
- 3 til 4 liter kokende vann

- 1½ til 2 ss salt

BRUKSANVISNING:

a) Få alt overflødig fett fjernet, og falt eller dekkmembran. Skjær kjøttet i 2-tommers terninger som veier 2 til 2½ unser. Eventuelle ben igjen i kjøttet vil gi ekstra smak til sausen; de fleste kan fjernes før servering.

b) Tørk lammebitene grundig i tørkepapir. Varm olje i en stekepanne til det nesten ryker, og brun lammet på alle sider, noen stykker om gangen. Overfør lammet etter hvert som det er brunet, til gryten eller nederlandsk ovn.

c) Dryss på sukker og sleng lammet over moderat høy varme i 3 til 4 minutter, til sukkeret har brunet og karamellisert - dette vil gi en fin ravfarget farge til sausen. Kast deretter kjøttet med krydder og mel og stek over moderat varme i 2 til 3 minutter, rør rundt for å brune melet.

d) Forvarm ovnen til 350 grader.

e) Hell fett ut av stekepannen, hell i 2 kopper buljong eller buljong, og kok opp, skrap opp koagulert bruningsjuice. Hell i gryte over lam og la det småkoke, rist gryte for å blande. Tilsett deretter tomater eller tomatpuré, hvitløk, urter og nok ekstra kraft eller buljong nesten til å dekke lammet.

f) Kok opp, dekk til gryten og la det småkoke på toppen av komfyren eller i en forvarmet ovn i 1 time. Hell deretter innholdet i gryten i et dørslag satt over en panne.

g) Skyll ut gryten. Fjern eventuelle løse bein og legg lammet tilbake i gryten. Skum fett av saus i pannen, korriger krydder, og hell sausen tilbake over kjøttet.

h) Skrell potetene og skjær dem til ovaler på ca. 1,5 cm lange; legg i kaldt vann. Skrell og kvarte gulrøtter og kålrot; kuttet i 1½-tommers lengder. Skrell løkene og stikk et kryss i rotendene slik at de koker jevnt. Når lammet er klart, presser du grønnsaker i gryten rundt og mellom kjøttstykkene, og tisser med sausen.

i) La det småkoke, dekk til og kok i omtrent en time lenger eller til kjøttet og grønnsakene er møre når de stikkes hull med en gaffel. Skum av fett, korriger krydder og tilsett grønne grønnsaker, som er tilberedt som følger:

j) Slipp ertene og bønnene i det kokende saltede vannet og kok raskt uten lokk i ca 5 minutter, eller til grønnsakene er nesten møre. Tøm umiddelbart i et dørslag, kjør deretter kaldt vann over i 3 minutter for å stoppe kokingen og sette farge. Sett til side til den skal brukes. (Gryterett kan tilberedes i forkant til dette punktet. Sett kjøttet til side, dekk på skjevt lokk. La det småkoke på toppen av komfyren før du fortsetter med oppskriften.)

SERVERING

k) Rett før servering legger du ertene og bønnene i gryten oppå de andre ingrediensene og tråkler med den boblende sausen.

l) Dekk til og la det småkoke i ca 5 minutter, til de grønne grønnsakene er møre. Server lapskausen fra gryten, eller legg den på et varmt fat.

m) Følg med varmt franskbrød og en rød Beaujolais-, Bordeaux- eller Mountain Red-vin, eller en avkjølt rosé.

59. Oie Braisée Aux Pruneaux / Braised Goose with Prune Stuffing

INGREDIENSER:
SVISKE OG LEVERFYSE
- 40 til 50 store svisker
- Gåseleveren, hakket
- 2 ss finhakket sjalottløk eller løk
- 1 ss smør
- ⅓ kopp portvin
- ½ kopp (4 unser) foie gras eller hermetisert leverpostei
- Klyp hver av allehånde og timian
- Salt og pepper
- 3 til 4 ss tørre hvite brødsmuler

FORBEREDELSE OG BRUNNING AV GÅSEN
- En 9-lb. kokeklar gås
- 1 ss salt
- En stekepanne

AMMING AV GÅSEN
- Estimert tilberedningstid: 2 timer og 20 til 30 minutter.
- Gåsehalsen, vingeendene, kråsen og hjertet
- ½ kopp hver av skivede gulrøtter og løk
- 2 ss gåsefett
- En overbygd stekeovn akkurat stor nok til å holde gåsen
- ½ kopp mel
- 2 kopper rødvin (som Beaujolais, Médoc eller California Mountain Red)
- Salt
- 1 ss salvie
- 2 fedd hvitløk
- 4 til 6 kopper storfebuljong eller buljong

BRUKSANVISNING:
a) Hell sviskene i kokende vann og la dem ligge i bløt i 5 minutter, eller til de er møre. Fjern groper så pent som

mulig. Surr gåselever og sjalottløk eller løk i varmt smør i 2 minutter; skrap i en miksebolle. Kok raskt ned portvin i en sautépanne til den er redusert til 1 spiseskje; skrap i miksebolle. Pisk inn foie gras eller leverpostei, allehånde og timian, og smak til. Pisk eventuelt inn brødsmuler med skjeer til blandingen er fast nok til fylling. Brett ½ teskje i hver sviske.

b) Kutt ut bærearm (for enklere utskjæring), skjær av vingene ved albuene, og trekk løst fett fra innsiden av gås. Gni hulrommet med salt, fyll løst med svisker og takstol. Prikk huden med ½-tommers mellomrom rundt sidene av brystene, lårene og ryggen. Sett gåsen i en stekepanne og brun den under en moderat varm broiler, snu ofte i ca. 15 minutter, fjern oppsamlet fett fra pannen etter behov.

c) Forvarm ovnen til 350 grader.

d) Hakk innmaten i 1-tommers biter, tørk og brun med grønnsakene i varmt gåsfett i stekeovnen over moderat høy varme.

e) Senk varmen, rør inn mel og kok under omrøring i 3 minutter for å brune lett. Fjern fra varme; rør inn vinen. Salt gåsen og legg den på siden i stekeovnen. Tilsett salvie, hvitløk og nok storfebuljong eller buljong til å komme halvveis opp på gåsen.

f) La det småkoke, dekk til og sett i den nedre tredjedelen av den forvarmede ovnen. Reguler varmen slik at væsken putrer sakte under tilberedningen; snu gåsen på den andre siden om 1 time, på ryggen etter 2 timer.

g) Gås er ferdig når trommestikker beveger seg litt i fatninger, og når den kjøttfulle delen av en er gjennomboret, blir saften blekgul. Ikke overkok.

SAUS OG SERVERING

h) Tøm gåsen og legg den på et varmt fat; klipp og kast trussstrenger. Skum så mye fett du kan av braising saus; du vil ha flere kopper, som du kan spare til å sautere poteter, kylling eller til å tråkle steker.
i) Hell ca. 4 kopper saus gjennom en sil i en kjele og skum av fettet igjen. La det småkoke, skumme og korriger nøye krydderet. Hell litt saus over gås og hell resten i en varm sausbolle.
j) Server med stekt løk og kastanjer, eller rosenkål og potetmos; Rød burgundervin.

60. Rognons De Veau En Casserole / Nyrer i smør

INGREDIENSER:
- 4 ss smør
- En tung sautépanne akkurat stor nok til å holde nyrene komfortabelt i ett lag
- 3 til 4 kalvekjøtt nyrer eller 8 til 12 lamme nyrer
- 1 ss finhakket sjalottløk eller løk
- $\frac{1}{2}$ kopp tørr hvit vermouth
- 1 ss sitronsaft
- $1\frac{1}{2}$ ss tilberedt sennep av Dijon-typen moset med 3 ss myknet smør
- Salt og pepper

BRUKSANVISNING:
Varm opp smøret og når skummet begynner å avta, rull nyrene i smøret, kok deretter uten lokk, vend hvert minutt eller annet. Reguler varmen slik at smør er varmt, men ikke bruner. Litt juice vil strømme ut fra nyrene. Nyrene skal stivne, men ikke bli harde; de skal brunes litt, og skal være rosa i midten når de skjæres i skiver. Timing: ca 10 minutter for kalvekjøtt nyrer; 5, for lam nyrer. Fjern nyrene til en tallerken.

Rør inn sjalottløken eller løken i smøret i pannen og stek i 1 minutt. Tilsett vermouth og sitronsaft. Kok raskt til væsken har redusert til ca 4 ss. Fjern fra varmen og rør inn sennepssmøret og et dryss salt og pepper. Skjær nyrene i tverrgående skiver $\frac{1}{8}$ tomme tykke. Dryss over salt og pepper og vend dem og deres saft i pannen.

Rett før servering, rist og rør over moderat varme i et minutt eller to for å varmes gjennom uten å koke.

Server på veldig varme tallerkener. Hvis den brukes som hovedrett i stedet for en varm hors d'oeuvre, kan den ledsages av poteter stekt i smør, stekt løk og en rød burgundervin.

61. Rognons de Veau Flambés / Sautéed Kidneys Flambé

INGREDIENSER:
- En tung sautépanne som er stor nok til å holde nyrene
- 3 til 4 kalvekjøtt nyrer eller 8 til 12 lamme nyrer
- 4 ss smør
- ⅓ kopp konjakk
- ½ kopp biffbuljong blandet med 1 ts maisstivelse
- ⅓ kopp Sercial Madeira eller portvin
- ½ lb. oppskåret sopp, tidligere sautert i smør med 1 ss finhakket løk eller sjalottløk
- 1 kopp tung krem
- Salt og pepper
- ½ ss tilberedt sennep av Dijon-typen blandet med 2 ss myknet smør og ½ ts Worcestershiresaus

BRUKSANVISNING:
Surr hele nyrene i smør, som i forrige oppskrift. Hvis du gjør dem ferdig ved bordet, ta med de sauterte nyrene i gnagskålen.

Hell konjakken over nyrene. Varm opp til boblende, avverge ansiktet og tenn væske med en tent fyrstikk. Rist pannen og tø nyrene med flammende væske til brannen avtar. Fjern nyrene til en tallerken eller utskjæringsbrett.

Hell oksebuljongen og vinen i pannen; kok i noen minutter til redusert og tyknet. Tilsett sopp og fløte og kok opp noen minutter til; sausen skal være tykk nok til å dekke en skje lett. Krydre forsiktig med salt og pepper. Fjern fra varmen og rør inn sennepsblandingen.

Skjær nyrene i tverrgående skiver ⅛ tomme tykke og krydre lett med salt og pepper. Ha nyrer og juice tilbake i pannen. Rist og kast over varme for å varme nyrene gjennom uten å koke. Server på veldig varme tallerkener.

62. Carbonnade De Boeuf a La Provençale

INGREDIENSER:
- 3 lbs. chuckbiff kuttet i skiver på omtrent $3\frac{1}{2}$ x 2 x $\frac{3}{8}$ tommer

MARINADEN
- $\frac{1}{4}$ kopp vineddik
- 1 ss olivenolje
- 2 store hvitløksfedd, skrelt og finhakket
- $\frac{1}{8}$ ts pepper
- 2 ts salt
- $\frac{3}{4}$ ts velsmakende
- $\frac{3}{4}$ ts timian

LØKEN
- Valgfritt, men tradisjonelt: 4 unser (ca. $\frac{2}{3}$ kopp) ferskt sidesvinekjøtt, eller fett-og-magre skiver fra en fersk svinekjøtt
- En tung stekepanne
- 1 til 3 ss olivenolje
- 5 til 6 kopper skivet løk

BAKING
- En 6-liters flammesikker gryte
- 7 til 8 kopper skivede all-purpose poteter
- Salt og pepper
- Biffbuljong
- $\frac{1}{4}$ kopp parmesanost (for siste trinn)

BRUKSANVISNING:
a) Bland marinaden i en bolle av glass, glass eller rustfritt stål. Snu og tråkle kjøttet med væsken, dekk til og avkjøl i 6 timer eller over natten, tråkle og snu kjøttet flere ganger.
b) Skjær det valgfrie svinekjøttet i 1-tommers stykker omtrent $\frac{1}{4}$ tomme tykke. Sauter sakte i en spiseskje olje

for å gi fettet og brunet veldig lett. (Hvis svinekjøtt er utelatt, hell 3 ss olje i pannen.) Rør inn løkene, dekk godt til og stek sakte i ca. 20 minutter, rør av og til til løken er mør og så vidt begynner å bli brun.

c) Forvarm ovnen til 350 grader.

d) Hell av kjøttet og smak til med salt og pepper. Veksle lag med løk og kjøtt i gryte. Hell i marinadeingrediensene, legg deretter lag med potetskiver på toppen, krydre hver med salt og pepper. Hell i nok buljong til å dekke kjøttet; kok opp på toppen av komfyren.

e) Dekk til gryten og sett den midt i forvarmet ovn i ca. 1 time, eller til kjøttet er nesten mørt når det stikkes hull med en gaffel. Timingen vil avhenge av kvaliteten på kjøttet; det koker omtrent en halvtime til i siste trinn.

f) Hev ovnsvarmen til 425 grader. Tipp gryte og skje ut oppsamlet fett. Dryss parmesanost over potetene og dryss med en skje eller to av kokevæsken. (Hvis det er gjort før dette punktet, sett til side utildekket. Varm opp igjen for å småkoke før du fortsetter.)

g) Plasser gryte uten lokk i øvre tredjedel av 425-graders ovn og stek i ca 30 minutter for å brune toppen av potetene og redusere og tykne kokevæsken. Server fra gryte.

63. Daube De Boeuf a La Provençale

INGREDIENSER:
- 3 lbs. chuckbiff kuttet i 2½-tommers firkanter 1 tomme tykke

MARINADEN
- 2 ss olivenolje
- 1½ kopper tørr hvit vermouth
- ¼ kopp konjakk eller gin
- 2 ts salt
- ¼ ts pepper
- ½ ts timian eller salvie
- 1 laurbærblad
- 2 fedd skrelt og finhakket hvitløk
- 2 kopper tynne skiver gulrøtter
- 2 kopper løk i tynne skiver
- Mariner kjøttet som anvist i forrige oppskrift.

MONTERING
- En 6-liters flammesikker gryte
- Salt, pepper, mel
- 1½ kopper faste, modne tomater, skrellet, frøet, juicet og hakket
- 1½ kopper oppskåret fersk sopp
- Valgfritt: ca 8 skiver, ¼ tomme tykke, fersk side svinekjøtt; eller fett-og-magre skiver fra en fersk svinerumpe
- Oksebuljong om nødvendig

BRUKSANVISNING:
a) Skrap av marinaden og krydre kjøttet lett med salt og pepper, rull deretter inn mel og sett til side på vokspapir. Tøm marinadevæsken i en bolle; sleng tomater og sopp med marinadegrønnsaker.

b) Legg flere strimler med valgfritt svinekjøtt i bunnen av gryten og dekk med en tredjedel av de blandede grønnsakene. Deretter veksler du med lag med kjøtt og grønnsaker, og dekker det øverste laget av grønnsaker med skiver av valgfritt svinekjøtt. Hell i marinadevæsken.

TILBEREDNING OG SERVERING

c) Dekk til gryten, sett på moderat varme og la det småkoke i ca 15 minutter. Hvis grønnsakene ikke har fått nok væske til å dekke kjøttet, tilsett litt buljong. Dekk til og la det småkoke i $1\frac{1}{2}$ til 2 timer, eller til kjøttet er mørt når det gjennomhulles med en gaffel.

d) Tipp gryte, skum ut fett og smak til med krydder. Hvis væsken ikke har redusert og tyknet, hell ut i en kjele og tykk med en spiseskje maizena blandet med buljong.

e) Kok i 2 minutter, hell deretter i gryte. (Hvis den ikke serveres umiddelbart, avkjøl uten lokk, dekk til og avkjøl. La småkoke tildekket i 5 minutter før servering.)

ENDELIG PROVENÇAL FILLIP

f) For ekstra smak, hakk eller puré 2 fedd hvitløk og legg i en bolle med 3 til 4 ss drenert kapers. Slå eller mos til en pasta, og slå deretter inn 3 ss sterk sennep av Dijon-typen.

g) Pisk gradvis inn 3 ss olivenolje for å lage en tykk saus; rør inn $\frac{1}{4}$ kopp hakket fersk basilikum eller persille. Rør inn i den ferdige deigen rett før servering.

64. Potage Parmentier / Purre eller Løk og Potetsuppe

INGREDIENSER:
FORBEHANDLING
- En 3- til 4-liters kjele eller trykkoker
- 3 til 4 kopper skrellede poteter i skiver eller terninger
- 3 kopper tynne skiver purre eller gul løk
- 2 liter vann
- 1 ss salt

ENDELIG BERIKELSE
- ⅓ kopp tung fløte eller 2 til 3 tb myknet smør
- 2 til 3 ss hakket persille eller gressløk

BRUKSANVISNING:
a) La enten småkoke grønnsakene, vannet og saltet sammen, delvis dekket, i 40 til 50 minutter til grønnsakene er møre; eller kok under 15 pund trykk i 5 minutter, slipp trykket og la det småkoke uten lokk i 15 minutter for å utvikle smaken.

b) Mos grønnsakene i suppen med en gaffel, eller kjør suppen gjennom en matmølle. Riktig krydder.

c) Sett til side uten lokk til rett før servering, og varm deretter opp til koking.

d) Ta av varmen rett før servering, og rør inn fløte eller smør i skjeer.

e) Hell i en terrin eller suppebeger og pynt med urter.

65. Velouté De Volaille a La Sénégalaise

INGREDIENSER:

- 4 ss smør
- En tykkbunnet kasserolle på 3 til 4 liter
- 1 TB karripulver
- 4 til 8 ss mel (avhengig av mengden poteter)
- 5 til 6 kopper fjærfekraft

VALGFRIE TILBEREDTE INGREDIENSER

- Potetmos, kremet løk, brokkoli, agurker, gulrøtter, erter, aspargestips
- $\frac{1}{2}$ kopp (mer eller mindre) tung krem
- Omtrent 1 kopp tilberedt kalkunkjøtt i terninger eller tynne skiver
- 4 ss frisk hakket persille eller gressløk, eller 2 ss hakket kjørvel eller estragon

BRUKSANVISNING:

Smelt smøret i kjelen. Rør inn karri og kok sakte i 1 minutt. (Hvis du ikke har kokt løk, tilsett $\frac{1}{2}$ kopp rå hakket løk og stek i ca. 10 minutter uten å brunes.) Rør inn melet og stek sakte i 2 minutter. Fjern fra varmen, la avkjøles et øyeblikk, og pisk deretter kraftig inn den varme fjærfekraften med en stålpisk. La småkoke under omrøring med en pisk i 1 minutt. Hvis du bruker kokt løk, hakk dem og tilsett suppen; hvis du bruker potetmos, pisk dem i en spiseskje om gangen til suppen er så tykk som du ønsker den skal være. Rør inn fløte med skjeer, la det småkoke, og krydre deretter forsiktig etter smak. Rør inn kalkunkjøttet, valgfrie grønnsaker og urter, og la det koke opp igjen rett før servering. (Hvis den ikke serveres umiddelbart, eller hvis den skal serveres kald, film toppen av suppen med kraft eller fløte for å unngå at det dannes et skinn. Avkjøl hvis den skal serveres kald; du kan gjerne røre inn mer krem og topp hver bolle med mer frisk urter.)

SALATER OG SIDER

66. Salade Mimosa / Salat med vinaigrette, siktet egg og urter

INGREDIENSER:
- Et skrelt hardkokt egg i en sil
- 2 til 3 ss friske grønne urter eller persille
- Salt og pepper
- Et stort sjef for Boston
- salat eller en blanding av greener, separert, vasket og tørket
- En salatskål
- ⅓ til ½ kopp vinaigrette

BRUKSANVISNING:
Skyv egget gjennom silen med fingrene; bland med urter, og salt og pepper etter smak. Rett før servering, sleng salatgrønt i salatskålen med dressingen, og dryss på egg-og-urteblandingen.

67. Pommes De Terre a l'Huile / Fransk potetsalat

INGREDIENSER:
8 til 10 middels "kokende" poteter (ca. 2 lbs.)
En 3-liters miksebolle
2 ss tørr hvitvin eller tørr hvit vermouth
2 ss kyllingbuljong
½ kopp vinaigrette
2 ss finhakket sjalottløk eller løk
3 ss finhakket persille

BRUKSANVISNING:
Kok eller damp potetene i jakkene til de er akkurat møre. Skrell og skjær i skiver mens de fortsatt er varme. Kast forsiktig i miksebollen med vin og buljong, og etter flere minutter, vend igjen. Når væsken har blitt absorbert av potetene, bland med vinaigretten, sjalottløk eller løk og persille.
Denne salaten er deilig servert varm med varme pølser, eller du kan avkjøle den og servere som den er, eller med ½ kopp majones foldet inn.

68. Salade Niçoise

INGREDIENSER:

3 kopper tidligere kokte grønne bønner i en bolle
3 tomater i kvarte i en bolle
¾ til 1 kopp vinaigrette
1 hode Boston-salat, separert, vasket og tørket
En stor salatskål eller en grunn tallerken
3 kopper kald fransk potetsalat (forutgående oppskrift)
½ kopp svarte oliven, gjerne av den tørre middelhavstypen
3 hardkokte egg, kalde, skrellet og delt i kvarte
12 hermetiske ansjosfileter, avrente, enten flate eller rullet med kapers
Omtrent 1 kopp (8 unser) hermetisk tunfisk, drenert

BRUKSANVISNING:

Kast salatbladene i salatskålen med ¼ kopp vinaigrette og legg bladene rundt bollen.

Arranger poteter i bunnen av en bolle, dekorer med bønner og tomater, bland dem med et design av tunfisk, oliven, egg og ansjos.

Hell resten av dressingen over salaten, dryss med urter og server.

69. Gratinert Dauphinois / Scalloped Potatoes au Gratin

INGREDIENSER:
2 lbs. "kokende" poteter, skrelt
1 kopp melk
En 6-koppers ildfast bakebolle, 2 tommer dyp
1 lite fedd most hvitløk
1 ts salt
$\frac{1}{8}$ ts pepper
3 til 4 ss smør

BRUKSANVISNING:
Forvarm ovnen til 425 grader.
Skjær poteter $\frac{1}{8}$ tomme tykke og slipp dem i en bolle med kaldt vann. Kok opp melk i en ildfast form med hvitløk, salt og pepper. Tøm potetene, tilsett kokende melk og fordel smør over dem. Stek midt i forvarmet ovn i ca. 25 minutter, til melken er absorbert, potetene er møre og toppen er brunet. (Hvis den ikke serveres umiddelbart, hold den varm uten lokk, og tilsett litt mer melk hvis potetene virker tørre.)
Server med steker, biffer eller koteletter.

70. Gratin De Pommes De Terre Et Saucisson

INGREDIENSER:
3 kopper skivede, tidligere kokte poteter (ca. 1 lb.)
1 kopp hakket løk, tidligere kokt i smør
½ lb. skivet polsk pølse
En bakeform eller paiform med lett smør, 8 tommer i diameter og 2 tommer dyp
3 egg
1½ kopper lettrømme
¼ ts salt
⅛ ts pepper
¼ kopp revet sveitserost
1 ss smør

BRUKSANVISNING:
Forvarm ovnen til 375 grader.
Legg lag med poteter, løk og pølse i en bakebolle. Bland egg, fløte, salt og pepper i en bolle, hell i en ildfast form, dryss over ost og prikk med smør. Stek i den øvre tredjedelen av den forvarmede ovnen i 30 til 40 minutter, til toppen har fått fin farge.
Server som hovedrett lunsj eller middagsrett.

71. Purée De Pommes De Terre a l'Ail

INGREDIENSER:
HVITLØKSSAUSEN
2 hvitløkshoder, ca 30 fedd
4 ss smør
En 3- til 4-koppers dekket kjele
2 ss mel
1 kopp varm melk
¼ ts salt og en klype pepper
BLANDING MED POTETENE
2½ lbs. bake poteter
4 ss smør
Salt og pepper
3 til 4 ss tung krem
¼ kopp hakket fersk persille

BRUKSANVISNING:
Skill hvitløksfeddene og slipp dem i kokende vann; kok i 2 minutter, renn av og skrell. Stek så hvitløken sakte i smøret i ca 20 minutter i den dekkede kasserollen, til den er veldig mør, men ikke i det hele tatt brun. Bland inn melet, kok sakte i 2 minutter. Fjern fra varmen, pisk inn varm melk og krydder, og kok under omrøring i 1 minutt. Hvis den ikke skal brukes umiddelbart, sett til side og varm opp igjen senere.

Skrell og kvart potetene. Kok enten i saltet vann, eller damp til det er så vidt mørt; legg gjennom en riser i en tung kjele. Rør kort over middels høy varme til potetene filmer bunnen av pannen, rør deretter inn smør og salt og pepper etter smak. Hold avdekket over kokende vann til de skal serveres - men jo før de serveres, jo bedre. Rett før du går inn i spisestuen, gni hvitløken gjennom en sil inn i potetene; slå inn fløte og persille, og vend inn i en varm, smurt serveringsform.

72. Concombres Persillés, Ou a La Crème / kremede agurker

INGREDIENSER:
MASERERING AV AGURKENE
6 agurker ca 8 tommer lange
2 ss vineddik
1½ ts salt
⅛ ts sukker
MATLAGING
2 til 3 ss smør
En stor tykkbunnet emaljert panne eller kasserolle
Salt og pepper
2 ss finhakket sjalottløk eller løk
Valgfritt: 1 kopp tung fløte kokt ned til det halve i en liten kjele
3 ss frisk hakket persille

BRUKSANVISNING:
Skrell agurkene, del i to på langs, og øs ut frøene med en teskje. Skjær i langsgående strimler som er omtrent ⅜ tomme brede, og skjær deretter strimlene i 2-tommers biter. Ha i en bolle med eddik, salt og sukker og la stå i minst 20 minutter. Tørk av og tørk i tørkepapir rett før bruk.
Varm opp smøret til det bobler i gryten eller kjelen. Tilsett agurker og sjalottløk eller løk; kok sakte, vend ofte, i ca. 5 minutter, til agurkene er ømt sprø, men ikke brunet. Rett før servering blander du med den valgfrie fløten og persillen. Gjør om til en varm rett.

73. Navets a La Champenoise / kålrot og løkgryte

INGREDIENSER:

- 2½ lbs. gule neper eller rutabagas (ca. 8 kopper i terninger)
- ⅔ kopp finhakket fett-og-mager fersk svinekjøtt rumpe eller side svinekjøtt; eller 3 ss smør eller matolje
- ⅔ kopp finhakket løk
- 1 ss mel
- ¾ kopp biffbuljong
- ¼ ts salvie
- Salt og pepper
- 2 til 3 ss frisk hakket persille

BRUKSANVISNING:

Skrell kålroten, kutt i fire og deretter i ½-tommers skiver; skjær skiver i ½-tommers strimler, og strimlene i ½-tommers terninger. Ha i kokende saltet vann og kok uten lokk i 3 til 5 minutter, eller til det er litt mørt. Avløp.

Hvis du bruker svinekjøttet, sautér sakte i en 3-liters kjele til det er veldig lett brunet; ellers, tilsett smøret eller oljen i pannen. Rør inn løkene, dekk til og stek sakte i 5 minutter uten å brune. Bland inn melet og kok sakte i 2 minutter. Fjern fra varmen, slå inn buljongen, sett tilbake til varmen og la det småkoke. Tilsett salvie, og vend deretter inn kålrot. Smak til med salt og pepper.

Dekk til kjelen og la det småkoke i 20 til 30 minutter, eller til kålrotene er møre. Hvis sausen er for flytende, avdekke og kok sakte i flere minutter til væsken har redusert og tyknet. Riktig krydder. (Kan tilberedes på forhånd. Avkjøl uten lokk; dekk til og la det småkoke noen minutter før servering.)

For å servere, brett inn persillen og vend inn i en varm serveringsform.

74. Asparges

INGREDIENSER:
1 boks frossen kuttet asparges
2 ss salt
2 ss smør i en panne
Salt og pepper

BRUKSANVISNING:
La aspargesen tine til bitene skiller seg fra hverandre. Slipp deretter i 4 liter raskt kokende vann. Tilsett 2 ss salt, kok raskt opp igjen og kok uten lokk i 3 eller 4 minutter, til aspargesen knapt er møre. Avløp. Hvis det ikke skal serveres umiddelbart, kjør kaldt vann over asparges for å stoppe kokingen og sette den friske fargen og konsistensen. Noen minutter før servering, sleng forsiktig inn 2 ss varmt smør for å fullføre kokingen. Smak til med salt og pepper.

75. Artichauts Au Naturel / Helkokte artisjokker

INGREDIENSER:
- Artisjokker

BRUKSANVISNING:
FORBEREDELSE TIL MALING
a) En artisjokk om gangen, fjern stilken ved å bøye den i bunnen av artisjokken til stilken løsner, og bryt deretter av små blader ved bunnen. Trim bunnen med en kniv slik at artisjokken står solid oppreist.
b) Legg til slutt artisjokken på siden og skjær tre fjerdedeler av en tomme av toppen; skjær av punkter av gjenværende blader med saks.
c) Vask under kaldt rennende vann, og slipp ned i et basseng med kaldt vann som inneholder 1 ss eddik per liter. Eddiken forhindrer at artisjokker misfarges før du koker dem.

MATLAGING
d) Dypp de tilberedte artisjokkene i en stor kjele med raskt kokende saltvann, og legg et dobbelt lag med vasket osteduk over dem for å holde de utsatte delene fuktige under tilberedningen. Kok uten lokk ved sakte oppkok i 35 til 45 minutter, avhengig av størrelse.
e) Artisjokkene er ferdige når de nedre bladene trekker seg ut - spis en som en test: den nedre halv tomme eller så skal være møre - og når en kniv lett kan stikke hull i bunnen. Fjern umiddelbart og renn av opp ned i et dørslag.

SERVERING OG SPISE
f) Stå artisjokker oppreist og server i salat-størrelse tallerkener ca 8 inches i diameter, eller spesielle artisjokk plater. For å spise en artisjokk, dra av et blad og hold tuppen i fingrene. Dypp bunnen av bladet i

smeltet smør eller en av de foreslåtte sausene, og skrap deretter av det møre kjøttet mellom tennene.

g) Når du har gått gjennom bladene, kommer du til bunnen, som du spiser med kniv og gaffel etter at du har skrapet av og kastet choken eller hårete senterveksten som dekker den.

SAUSER

h) Smeltet smør, sitronsmør eller hollandaise for varme eller varme artisjokker; vinaigrette (fransk dressing), sennepssaus eller majones til kalde artisjokker.

76. Ratatouille

INGREDIENSER:
FORELØPIG SALTING
- ½ lb. Aubergine
- ½ lb. squash
- En 3-liters miksebolle
- 1 ts salt

SAUTÉING
- 4 eller mer tb olivenolje
- En 10- til 12-tommers emaljert eller non-stick stekepanne
- ½ lb. (1½ kopper) løk i skiver
- 1 kopp grønn paprika i skiver (ca. 2 paprika)
- 2 fedd most hvitløk
- Salt og pepper
- 1 lb. tomater, skrellet, frøet og saftet (1½ kopp fruktkjøtt), eller 1 kopp drenerte hermetiske pæreformede tomater
- 3 ss finhakket persille

MONTERING OG BAKING
- En 2½ liter flammesikker gryte på 2 tommer dyp

BRUKSANVISNING:
a) Skrell aubergine og skjær i langsgående skiver ⅜ tommer tykke. Skrubb squash under kaldt vann, skjær av og kast to ender, og skjær squash i langsgående biter som er ⅜ tommer tykke. Bland grønnsakene sammen i en bolle med saltet og la stå i 30 minutter. avløp; tørk i et håndkle.

b) Varm olivenolje i stekepannen, sauter deretter aubergine- og zucchiniskiver til de er lett brune på begge sider. Fjern til siderett. Tilsett mer olje om nødvendig, og stek løk og paprika sakte til den er myk. Rør inn

hvitløk og smak til med salt og pepper. Skjær tomatkjøttet i strimler og legg over løk og paprika.
c) Dekk til pannen og kok i 5 minutter, avdekk deretter, hev varmen og kok i flere minutter til tomatjuicen er nesten fullstendig fordampet. Smak til med salt og pepper; vend inn persille.
d) Hell en tredjedel av tomatblandingen i bunnen av gryten. Legg halvparten av auberginen og zucchinien på toppen, deretter halvparten av de resterende tomatene. Dekk med resterende aubergine og zucchini, og det siste av tomatblandingen. Dekk til gryten og la det småkoke på lav varme i 10 minutter. Avdekke, tipp gryten og tråkk med den gjengitte saften, og korriger om nødvendig krydder. Øk varmen litt og kok sakte til saften er nesten helt fordampet.
e) Serveres varm med steker, biffer, hamburgere, stekt fisk.
f) Serveres kaldt til kjøttpålegg og fisk, eller som en kald hors d'oeuvre.

77. Moussaka

INGREDIENSER:
FORELØPIG SALTING OG BAKING AV AUGBLANTEN
- 5 lbs. aubergine (4 til 5 auberginer, hver 7 til 8 tommer lang)
- 1 ss salt
- 2 ss olivenolje
- En grunne stekepanne
- 1 ss olivenolje
- En 3-liters miksebolle

MONTERING OG BAKING
- En lett oljet sylindrisk 2-liters bakeform $3\frac{1}{2}$ til 4 tommer dyp og 7 tommer i diameter
- $2\frac{1}{2}$ kopper malt kokt lam
- ⅔ kopp hakket løk, tidligere kokt i smør
- 1 kopp hakket sopp, tidligere kokt i smør
- 1 ts salt
- $\frac{1}{8}$ ts pepper
- $\frac{1}{2}$ ts timian
- $\frac{1}{2}$ ts malt rosmarin
- 1 lite fedd most hvitløk
- ⅔ kopp oksekraft eller buljong kokt i 2 minutter med $\frac{1}{2}$ ss maisstivelse
- 3 TB tomatpuré
- 3 egg (USA gradert "large")
- En panne med kokende vann
- Et serveringsfat

BRUKSANVISNING:
a) Forvarm ovnen til 400 grader.
b) Fjern grønne hetter og del aubergine i to på langs; skjær dype flekker i kjøttet av hver halvdel. Dryss over salt og

la stå i 30 minutter. Klem ut vann, tørk kjøttsiden og pensle med olivenolje.

c) Hell ½ tomme vann i en stekepanne, tilsett auberginer med kjøttsiden opp og stek i 30 til 40 minutter i en forvarmet ovn, eller til de er møre. Skrap ut kjøttet, la aubergineskinn være intakt (bruk en skje eller grapefruktkniv).

d) Hakk kjøttet og fres i et minutt eller to i varm olivenolje. Vend i miksebolle.

e) Klem formen med aubergineskinn, spisse ender møtes på midten-bunnen av formen, lilla sider mot formen. Slå alle de ovennevnte ingrediensene inn i den hakkede auberginen, vend inn i foret form og brett dinglende aubergineskinn over overflaten. Dekk til med aluminiumsfolie og lokk. Stek i en panne med kokende vann i en 375-graders ovn i 1½ time. La avkjøles i 10 minutter, og løs deretter på et serveringsfat.

f) Server varm med tomatsaus, dampet ris, franskbrød og rosévin.

g) Serveres kald med tomatsalat, franskbrød og rosévin.

78. Laitues Braisées / Braised Salat

INGREDIENSER:
- 2 mellomstore hoder Boston salat;
- 1 hode escarole eller sikori

VASK
- En stor vannkoker som inneholder 7 til 8 liter kokende vann
- $1\frac{1}{2}$ ts salt per liter vann
- Salt og pepper

BRYSTER
- For 6 hoder sikori eller escarole; 12 hoder Boston-salat
- En 12-tommers flammesikker gryte med deksel
- 6 tykke skiver bacon, tidligere kokt i 10 minutter i 2 liter vann, og deretter avtappet
- 2 ss smør
- $\frac{1}{2}$ kopp skivet løk
- $\frac{1}{2}$ kopp skivede gulrøtter
- Valgfritt: $\frac{1}{2}$ kopp tørr hvit vermouth
- Ca 2 kopper biffbuljong

SAUS OG SERVERING
- En varm serveringsrett
- 1 ts maisstivelse blandet med 1 ss vermouth eller kald buljong
- 1 ss smør

BRUKSANVISNING:
a) Trim stilkene av salat og fjern visne blader. Hold salat ved enden av stilken, pump opp og ned forsiktig i en kum med kaldt vann for å fjerne all smuss.
b) Dykk 2 eller 3 hoder av vasket salat ned i det kokende vannet og kok sakte uten lokk i 3 til 5 minutter til salaten er slapp. Fjern slapp salat, legg den i kaldt vann og fortsett med resten. En om gangen, klem hodene

forsiktig, men bestemt i begge hender for å eliminere så mye vann som mulig. Skjær store hoder i to på langs; la små hoder være hele.

c) Dryss med salt og pepper; brett hodene i to på kryss og tvers for å lage trekantede former.
d) En middels urtebukett: 4 persillekvister, $\frac{1}{4}$ ts timian og et laurbærblad bundet i vasket osteduk
e) Forvarm ovnen til 325 grader.
f) Stek baconet i smør i et minutt eller to for å brune det veldig lett i gryten. Fjern bacon, rør inn løk og gulrøtter, og kok sakte i 8 til 10 minutter til de er møre, men ikke brune. Fjern halvparten av grønnsakene, legg salaten over resten, dekk deretter med de kokte grønnsakene og baconet.
g) Hell i valgfri vermut og nok buljong såvidt til å dekke salaten. Kok opp, legg et stykke vokspapir over salaten, dekk til gryten og stek midt i en forvarmet ovn. Salat skal småkoke veldig sakte i ca 2 timer. (Kan tilberedes på forhånd til dette punktet; varmes opp igjen før neste trinn.)
h) Fjern salaten til serveringsfatet. Kok raskt ned kokevæsken, om nødvendig, til omtrent $\frac{1}{2}$ kopp. Fjern fra varme. Slå maisstivelsesblandingen inn i matlagingsvæsken og la det småkoke under omrøring i 2 minutter. Fjern fra varmen, rør inn smør, hell over salat og server.

79. Choucroute Braisée a l'Alsacienne / Braisert surkål

INGREDIENSER:
FORBEHANDLING
- ½ lb. tykke skiver bacon
- En flammesikker gryte på 2½ til 3 liter med lokk
- 3 tb smeltet gåse- eller svinefett, eller matolje
- ½ kopp skivede gulrøtter
- 1 kopp skivet løk

BRYSTER
- 4 persillekvister, 1 laurbærblad, 6 pepperkorn og, hvis tilgjengelig, 10 einebær, alt bundet i vasket osteduk
- Valgfritt: 1 kopp tørr hvitvin eller ¾ kopp tørr hvit vermouth
- 3 til 4 kopper kyllingbuljong
- Salt

BRUKSANVISNING:
a) Skjær bacon i 2-tommers biter, la det småkoke i 10 minutter i 2 liter vann, renne av og tørk. I gryten, sauter baconet sakte i fett eller olje sammen med grønnsakene i 10 minutter uten å brune. Rør inn surkålen, dekk til med fett og grønnsaker, dekk til gryten og kok sakte i 10 minutter.

b) Forvarm ovnen til 325 grader for neste trinn.)

c) Begrav urte- og krydderpakken i surkålen. Hell i den valgfrie vinen, og nok kyllingbuljong akkurat til å dekke surkålen.

d) La det småkoke, krydre lett med salt, legg et stykke vokspapir over surkålen, dekk til gryten og sett den midt i en forvarmet ovn.

e) Surkål skal småkoke veldig sakte i ca 4 timer, og skal trekke til seg all kokevæsken når den er ferdig.

80. Champignons Sautés Au Beurre / Sautered Mushrooms

INGREDIENSER:
- En 10-tommers non-stick panne
- 2 ss smør
- 1 ss lett olivenolje eller matolje
- ½ lb. fersk sopp, vasket og tørket (små hele sopp, eller oppskåret eller delt sopp)
- 1 til 2 ss finhakket sjalottløk eller løk
- Valgfritt: 1 fedd knust hvitløk, 2 til 3 ss hakket persille
- Salt og pepper

BRUKSANVISNING:
Sett pannen over høy varme og tilsett smør og olje. Så snart du ser at smørskummet begynner å avta, tilsett soppen. Kast og rist pannen ofte slik at sopp koker jevnt. Til å begynne med vil sopp absorbere fettet i pannen; om noen minutter vil fettet dukke opp igjen på overflaten og soppen begynner å bli brun. Når den er lett brun, tilsett sjalottløk eller løk og valgfri hvitløk. Kast et øyeblikk til og fjern fra varmen. Varm opp og smak til med salt, pepper og valgfri persille rett før servering.

81. Mock Hollandaise saus (Bâtarde)

INGREDIENSER:
- 3 ss myknet eller smeltet smør
- 3 ss mel
- 1¼ kopper varmt grønnsaksvann eller melk
- 1 eggeplomme blandet i en bolle med ¼ kopp tung fløte
- Salt og pepper
- 1 til 2 ss sitronsaft
- 2 eller mer tb myknet smør

BRUKSANVISNING:
a) Bland smør og mel i en liten kjele med en gummispatel.
b) Bruk en stålpisk, pisk inn den varme væsken, kok opp, pisk sakte.
c) Pisk denne varme sausen inn i eggeplommen og fløten med dribletter, hell tilbake i kasserollen og kok opp under omrøring.
d) Fjern fra varmen og smak til med salt, pepper og sitronsaft. Hvis det ikke skal serveres umiddelbart, rengjør sidene av pannen med gummispatel og prikk toppen av sausen med mykt smør for å forhindre at det dannes et skinn.
e) Varm opp igjen rett før servering, fjern fra varmen og pisk inn mykt smør med spiseskjeer.

82. Crème Anglaise (fransk vaniljesaus)

INGREDIENSER:

- 3 eggeplommer
- En 1½ liters kjele i rustfritt stål eller emaljert
- ⅓ kopp granulert sukker
- 1¼ kopper varm melk
- 2 ts vaniljeekstrakt
- Valgfritt: 1 ss rom
- 1 ss myknet smør

BRUKSANVISNING:

a) Pisk eggeplommene i kasserollen til de er tykke og klissete (1 minutt), pisk gradvis inn sukkeret, pisk deretter inn den varme melken i små dråper.

b) Rør over moderat lav varme med en tresleiv til sausen tykner nok til å dekke skjeen – ikke la sausen komme i nærheten av å putre, ellers vil eggeplommene stivne.

c) Fjern fra varmen og rør inn vanilje, deretter rom og smør. Serveres varm eller kjølig.

83. Kremet sopp

INGREDIENSER:
- ¾ lb. finhakket fersk sopp
- 2 ss smør og 1 ss matolje
- 2 ss finhakket sjalottløk eller løk
- 2 ss mel
- Omtrent ½ kopp middels krem
- Salt og pepper

BRUKSANVISNING:
Surr soppen i varmt smør og olje i flere minutter, til bitene begynner å skille seg fra hverandre. Rør inn sjalottløk eller løk og stek et øyeblikk til. Senk varmen, rør inn melet og kok under omrøring i 2 minutter. Fjern fra varmen og rør inn halvparten av fløten. La det småkoke under omrøring et øyeblikk, og tilsett mer fløte med skjeer. Sopp skal akkurat holde formen når den løftes i en skje. Krydre forsiktig med salt og pepper. Varm opp igjen rett før servering.

84. Saus Mousseline Sabayon

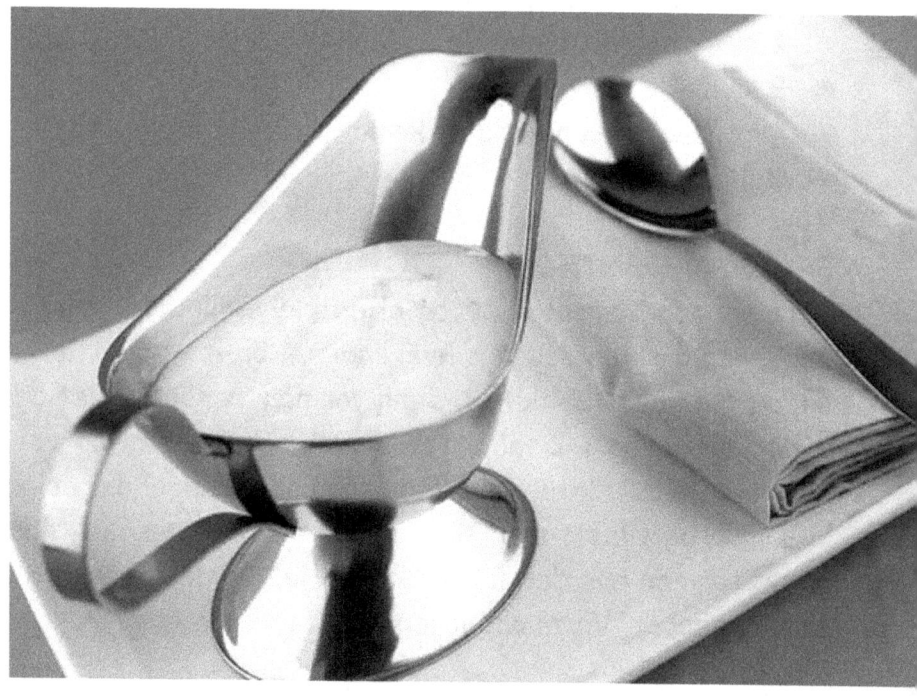

INGREDIENSER:
- ¼ kopp redusert fiske-kokevæske
- 3 TB tung krem
- 4 eggeplommer
- En 6-koppers emaljert kjele og en stålpisk
- 1½ til 2 pinner (6 til 8 unser) myknet smør
- Salt, hvit pepper og dråper sitronsaft

BRUKSANVISNING:
a) Bland fiskekraft, fløte og eggeplommer i kasserollen med en stålpisk.
b) Rør så over svak varme til blandingen sakte tykner til en lett krem som dekker piskens ledninger – pass på at du ikke blir overopphetet ellers vil eggeplommene krype, men du må varme dem nok til å tykne.
c) Fjern fra varmen og begynn med en gang å piske inn smøret, en spiseskje om gangen. Saus vil gradvis tykne til en tung krem.
d) Smak til med salt, pepper og dråper sitronsaft. Hold over lunkent—ikke varmt—vann til det skal brukes.

DESSERTER

85. Pate Feuilletée / Fransk butterdeig

INGREDIENSER:
- 3 til 4 patty-skjell, eller 8 tre-tommers patty-skjell og
- 8 to-tommers forrettskjell

DÉTREMPE
- 1 kopp vanlig universalmel og 3¾ kopper konditormel (mål ved å sikte direkte i tørrmålsbegre og feie av overflødig)
- En miksebolle
- 6 ss avkjølt usaltet smør
- 2 ts salt oppløst i ¾ kopp veldig kaldt vann (mer vann i dråper om nødvendig)

PAKKEN
- 2 pinner (½ lb.) avkjølt usaltet smør

BRUKSANVISNING:

a) Ha mel i miksebollen, tilsett smør og gni raskt sammen med fingertuppene, eller arbeid med en konditormikser, til blandingen minner om grovt måltid.

b) Bland raskt inn vannet med de litt skålede fingrene på den ene hånden, press blandingen godt sammen og tilsett mer vann i små dråper for å lage en fast, men smidig deig.

c) Elt kort til en kake på 6 tommer i diameter, arbeid deigen så lite som mulig. Pakk inn i vokset papir og avkjøl i 30 til 40 minutter. Rull deretter ut til en 10-tommers sirkel.

d) Pisk og elt smør til det er helt glatt, fritt for klumper, formbart, men fortsatt kaldt. Form til en 5-tommers firkant og plasser i midten av deigsirkelen. Ta deigkantene opp over smøret for å omslutte den helt. Forsegl kantene med fingrene.

e) Mel lett og kjevle raskt ut til et jevnt rektangel på omtrent 16 x 6 tommer. Som om du bretter en bokstav,

bring den nederste kanten opp til midten og den øvre kanten ned for å dekke den, og lag tre jevne lag.
f) Vend deigen slik at den øverste kanten er til høyre, rull deigen igjen til et rektangel. Brett inn tre, pakk inn i vokset papir og en plastpose; og avkjøl 45 minutter til 1 time.
g) Gjenta med ytterligere to ruller og bretter; kjøl deg ned igjen, og fullfør deretter de to siste rullingene og foldene, slik at du blir seks i alt. (Dette kalles svinger.)
h) Etter en siste nedkjøling på 45 til 60 minutter er butterdeigsdeigen klar for forming. Sikkert pakket inn, kan deigen stå i kjøleskap i flere dager eller fryses.

86. Vol-au-Vent / Large Patty Shell

INGREDIENSER:
- Butterdeigsdeig (forrige oppskrift)
- Eggglasur (1 egg pisket med 1 ts vann)

BRUKSANVISNING:
a) Rull den avkjølte butterdeigsdeigen til et rektangel som er omtrent $\frac{3}{8}$ tommer tykt, 18 tommer langt og 10 tommer bredt. Skjær 2 syv til åtte tommers sirkler i deigen, sentrer dem godt på bakverket slik at de ikke berører kantene.
b) Kjør kaldt vann over en bakeplate. Plasser en deigsirkel i midten, mal rundt dens øvre omkrets med kaldt vann. Klipp en 5- til 6-tommers sirkel fra midten av den andre sirkelen, og lag dermed en ring og en mindre sirkel. Legg ringen på plass på den første sirkelen, forsegl de to deigstykkene sammen med fingrene. Du har nå en flat sylinder med to lag. Prikk midten av det nederste laget med en gaffel for å unngå at midten hever seg under stekingen.
c) Rull den mindre sirkelen ut og skjær den i en 7- til 8-tommers sirkel for å danne et deksel for deigsylinderen. Fukt toppen av sylinderen med kaldt vann, og trykk den siste sirkelen på plass.
d) Forsegl de tre lagene med deig sammen med bakkanten av en kniv, hold den vertikalt og trykk fordypninger inn i kantene på deigen hver $\frac{1}{8}$ tomme hele veien rundt. Avkjøl i 30 minutter før steking. Rett før steking, mal toppen med eggglasur, og trekk tindene av en gaffel over den glaserte overflaten for å lage dekorative kryssskraveringsmerker.
e) Stek i 20 minutter midt i en forvarmet ovn på 400 grader. Når du er omtrent tredoblet i høyden og

begynner å brune pent, senk varmen til 350 grader og stek 30 til 40 minutter lenger, til sidene er brune og sprø.

f) Skjær under toppdekselet, fjern det og grav ukokt bakverk ut av skallet med en gaffel. Stek uten lokk i 5 minutter til for å tørke ut interiøret, og avkjøl deretter på en rist. Varm opp i flere minutter ved 400 grader før servering med det varme fyllet du har valgt.

87. Crème Chantilly / Lettpisket krem

INGREDIENSER:

- ½ halvliter (1 kopp) avkjølt tung eller pisket krem
- En avkjølt 3-liters bolle
- En stor stålpisk, avkjølt
- 2 ss siktet konditorsukker
- 1 til 2 ss likør eller 1 ts vaniljeekstrakt
- 2 tykkelser fuktig, vasket osteklut satt i en sil over en bolle

BRUKSANVISNING:

Hell kremen i den avkjølte bollen og pisk sakte med pisk til kremen begynner å skumme. Øk piskehastigheten gradvis til moderat, og fortsett til vispen etterlater lette spor på overflaten av krem og litt løftet og droppet vil mykt beholde formen. (I varmt vær er det best å slå over sprukket is.) Vend forsiktig inn det siktede sukkeret og smakstilsetningene. Hvis du lager kremen på forhånd, vend den inn i en sil med osteduk og avkjøl; fløten forblir slått, og den deilige væsken som har sivet inn i bunnen av bollen kan brukes til noe annet.

88. Crème Renversée Au Caramel / Støpt karamellkrem

INGREDIENSER:

- 5 egg (USA gradert "large")
- 4 eggeplommer
- En 2½-liters miksebolle og stålpisk
- ¾ kopp granulert sukker
- 3¾ kopper kokende melk
- En vaniljestang dyppet i 10 minutter i varm melk, eller 1½ ts vaniljeekstrakt
- En 6-kopps karamellisert sylindrisk form eller bakebolle omtrent 3½ tommer dyp
- En panne med kokende vann

BRUKSANVISNING:

Forvarm ovnen til 350 grader.

Pisk egg og eggeplommer i miksebollen med en stålpisk; pisk gradvis inn sukker. Når blandingen er lett og skummende, pisk inn varm melk i en veldig tynn stråle. (Pisk inn vaniljeekstrakt hvis brukt.) Sil gjennom en fin sil over i karamellisert form. Ha i en panne med kokende vann og stek i nedre tredjedel av forvarmet ovn. For å sikre en jevn vaniljesaus, reguler varmen slik at vannet i pannen aldri koker helt. Vaniljesaus er ferdig på ca. 40 minutter, eller når en kniv som dyttes ned gjennom midten kommer ren ut.

For å servere varm, la stå i 10 minutter i en panne med kaldt vann. Snu en varm serveringsfat opp ned over vaniljesaus, og snu de to for å løsne vaniljesausen.

For å servere kaldt, la avkjøles til romtemperatur; kjøl ned i flere timer, og løsne deretter.

89. Flaming Soufflé / Crème Anglaise

INGREDIENSER:
- Revet skall av 2 appelsiner
- ⅔ kopp granulert sukker
- En miksebolle
- 6 eggeplommer
- En bolle eller kasserolle i rustfritt stål
- ¼ kopp mørk rom eller appelsinjuice
- En stålpisk
- En elektrisk mikser

BRUKSANVISNING:
a) Forvarm ovnen til 375 grader.
b) Mos appelsinskallet og sukkeret sammen i en bolle med en tresleiv, for å trekke ut mest mulig av appelsinoljen. Legg eggeplommene i bollen eller kasserollen.
c) Pisk gradvis inn appelsinsukkeret og fortsett å piske til eggeplommene er lysegule og tykkere.
d) Pisk inn rom- eller appelsinjuice, sett deretter over knapt kokende vann og pisk med en stålpisk (2 slag i sekundet) til blandingen blir til en varm, tykk krem. Dette vil ta 3 eller 4 minutter, og blandingen vil være tykk nok til å danne et sakte oppløselig bånd når en bit slippes fra vispen og faller tilbake på overflaten.
e) Fjern fra varmen og kjør i en elektrisk mikser i 4 til 5 minutter til den er kjølig og tykk.

90. Charlotte Malakoff Au Chocolat

INGREDIENSER:
KEKS À LA CUILLER (for 24 til 30 ladyfingers)
- 2 store bakeplater (18 x 24 tommer)
- 1 ss myknet smør
- Mel
- En konditorpose med rund røråpning på $\frac{3}{8}$ tomme i diameter, eller en stor kjøkkenskje
- 1$\frac{1}{2}$ kopper melis i en sil
- En 3-liters miksebolle
- $\frac{1}{2}$ kopp granulert sukker
- 3 eggeplommer
- 1 ts vaniljeekstrakt
- 3 eggehviter
- Klype salt
- $\frac{1}{8}$ ts krem av tartar
- 1 ss perlesukker
- ⅔ kopp vanlig bleket kakemel

FØR DESSERTFORMEN MED LADYFINGERS
- En 2-liters sylindrisk form, 4 tommer høy, hvis mulig, og 7 tommer i diameter
- Vokset papir
- ⅓ kopp appelsinlikør
- ⅔ kopp vann
- 24 ladyfingers, 4 tommer lange og ca 2 tommer brede

MANDELKREMEN
- En 4-liters miksebolle
- $\frac{1}{2}$ lb. myknet usaltet smør
- 1 kopp øyeblikkelig superfint granulert sukker
- $\frac{1}{4}$ kopp appelsinlikør
- ⅔ kopp halvsøte sjokoladebiter smeltet med $\frac{1}{4}$ kopp sterk kaffe
- $\frac{1}{4}$ ts mandelekstrakt

- 1⅓ kopper pulveriserte mandler (blancherte mandler malt i en blender eller satt gjennom en kjøttkvern med litt av instantsukkeret)
- 2 kopper tung krem, avkjølt
- En avkjølt bolle og visp

BRUKSANVISNING:
Forvarm ovnen til 300 grader.
Forbered bakeplatene ved å gni lett med smør, dryss med mel og slå av overflødig mel. Sett sammen konditorpose, hvis du bruker en; tilbered melis, og mål opp resten av ingrediensene som er oppført.
I miksebollen, pisk sukkeret gradvis inn i eggeplommene, tilsett vanilje, og fortsett å piske i flere minutter til blandingen er tykk, blekgul og danner båndet. I en separat bolle pisk eggehvitene til de skummer, pisk inn salt og fløte av tartar, og fortsett å piske til myke topper dannes. Dryss i en spiseskje perlesukker og pisk til stive topper dannes.
Øs en fjerdedel av eggehvitene over toppen av eggeplommene og sukkeret, sikt på en fjerdedel av melet og vend forsiktig til det er delvis blandet. Tilsett deretter en tredjedel av de resterende eggehvitene; sikt på en tredjedel av det resterende melet, brett til det er delvis blandet igjen. Gjenta med halvparten, og deretter med den siste av hver. Ikke prøv å blande for grundig; røren må forbli lett og oppblåst.
Enten med konditorposen, eller med en stor kjøkkenskje, lag jevne linjer med røre 4 tommer lange, 1½ tommer brede, med en avstand på 1 tomme fra hverandre på bakverksplatene. Dryss med et 1/16-tommers lag med melis. Stek umiddelbart i midterste og øvre tredje nivå av ovnen i ca. 20 minutter. Ladyfingers er ferdig når en veldig blek

brun under sukkerbelegget. De skal være litt skorpe utvendig, møre, men tørre innvendig. Fjern fra bakeplatene med en slikkepott; Avkjøl på kakestativ.

Kle bunnen av den tørre formen med en runde vokset papir. Hell likøren og vannet i en suppetallerken. En etter en, dypp ladyfingers i væsken i et sekund, og la dem renne av på en kakerist. Plasser en rad med oppreiste ladyfingers inne i formen, presset tett sammen med de buede sidene mot formen. Reserver de resterende dyppet ladyfingers.

Rør smør og sukker sammen i flere minutter, til det er blekt og luftig. Slå inn appelsinlikøren, smeltet sjokolade og mandelekstrakt; fortsett å piske i flere minutter til sukkeret ikke lenger er kornete i konsistensen. Pisk inn mandlene. Pisk den avkjølte fløten i en avkjølt bolle med en avkjølt visp akkurat til vispen etterlater lette spor på fløte – ikke pisk mer enn dette, ellers kan det hende at fløten ikke blir jevn. Brett kremen inn i sjokolade-mandelblandingen. Vend en tredjedel av blandingen i den kledde formen, legg et lag med ladyfingers over, og fortsett med lag med sjokolade-mandelkrem og ladyfingers, avslutt med ladyfingers hvis det er noen igjen. Klipp av alle ladyfingers som stikker ut over kanten av formen og press biter inn i toppen av kremen. Dekk formen med vokset papir, sett en tallerken over papiret og legg en vekt over den (for eksempel vann på 2 kopper). Avkjøl i 6 timer eller over natten; smør må avkjøles fast, så desserten vil ikke kollapse når den ikke er støpt. (Desserten holder seg i flere dager under kjøling, eller kan fryses.)

USTØPING OG SERVERING

For å servere, fjern vokspapir fra toppen, kjør en kniv rundt innsiden av formen, skyv forsiktig for å løsne desserten. Snu en avkjølt serveringsfat opp ned over formen, og snu de to, og gir et skarpt rykk nedover slik at desserten faller ned på fatet. Pynt toppen av charlotten med revet sjokolade. Avkjøl hvis den ikke serveres umiddelbart.

91. Poires gratinert / pærer bakt med vin

INGREDIENSER:
En bakebolle 2 tommer høy og 8 tommer i diameter
1 ss myknet smør
3 til 4 faste, modne pærer
⅓ kopp aprikossyltetøy
¼ kopp tørr hvit vermouth
2 til 3 foreldede makroner
2 ss smør kuttet i prikker

BRUKSANVISNING:
Smør bakebollen med smøret. Skrell, kvart og kjerne løs pærene; skjær i langsgående skiver omtrent ⅜ tommer tykke, og legg i fatet. Tving aprikossyltetøyet gjennom en sil over i en bolle; bland med vermouthen, og hell over pærene. Smuldre makronene over det hele, og topp med smørprikkene. Sett i et mellomnivå i forvarmet ovn og stek i 20 til 25 minutter, til toppen har brunet lett. Server varm, varm eller kald og følg med, hvis du ønsker det, med en mugge tung krem.

92. Timbale Aux Épinards / Støpt spinatkrem

INGREDIENSER:
- ½ kopp finhakket løk
- 2 ss smør
- En kjele i rustfritt stål eller emaljert dekket (spinat vil få metallisk smak hvis den tilberedes i vanlige metallpanner)
- 2½ til 3 lbs. fersk spinat trimmet og blanchert i 3 minutter i kokende vann; eller 2 pakker (10 gram hver) frossen bladspinat tint i kaldt vann
- En kniv i rustfritt stål for å hakke spinat
- ¼ ts salt
- Klyp hver av pepper og muskatnøtt

LEGG TIL INNS
- 1 kopp melk
- 5 egg
- 2 ss smør
- En miksebolle
- ⅔ kopp foreldede hvite brødsmuler
- ½ kopp revet sveitserost
- Salt og pepper
- En 6-kopps ringform eller suffléform, eller 4 ramekins med en kapasitet på 1½ kopp

BRUKSANVISNING:
a) Stek løken sakte i smøret. I mellomtiden, klem spinaten, en liten håndfull av gangen, for å fjerne så mye vann som mulig. Hakk til en fin puré. Når løken er mør, rør inn spinaten og salt, pepper og muskatnøtt.
b) Dekk til pannen og kok veldig sakte, rør av og til for å unngå å feste seg, til spinaten er mør (ca. 5 minutter).
c) Når spinaten er ferdig, rør inn ekstra smør og melk. Pisk eggene i en miksebolle, og pisk deretter den varme

spinatblandingen gradvis inn i dem. Rør inn brødsmulene og osten, og korriger krydderet. Hell i forberedt form.

BAKING OG SERVERING

d) En panne som inneholder omtrent $1\frac{1}{2}$ tommer kokende vann
e) Valgfritt: fløtesaus, lett ostesaus eller hollandaise (se denne siden)
f) Forvarm ovnen til 325 grader.
g) Sett formen i en panne med kokende vann (vannet skal komme $\frac{1}{2}$ til ⅔, veien oppover formen), og sett i nederste tredjedel av ovnen. Stek i 30 til 40 minutter, avhengig av formen, til en kniv, stupt inn i midten av vaniljesausen, kommer ren ut. La stå i 5 minutter før du løsner, eller hold den varm i en panne med vann i 150 graders ovn.
h) For å løsne, kjør en kniv rundt kanten av vaniljesausen; snu en varm serveringsform opp ned over formen, snu de to og vaniljesaus falle ned på fatet.
i) Fjern det voksede papiret fra toppen. Ingen saus er nødvendig hvis timbalen skal ta plassen til en grønnsak; hvis det skal være en første- eller hovedrett, skje en fløtesaus, lett ostesaus eller hollandaise over.

93. Timbale Au Jambon / Støpt skinkekrem

INGREDIENSER:
1½ kopper kokte nudler
¾ kopp sopp, tidligere sautert i smør
⅔ kopp kokt skinke
½ kopp løk, tidligere sautert i smør
Salt og pepper
1 kopp tykk fløtesaus
½ kopp revet sveitserost
3 eggeplommer
1 TB tomatpuré
¼ kopp hakket persille
3 stivpiskede eggehviter
En 6-kopps ringform, suffléform eller brødform, eller 4 ramekins med en kapasitet på 1½ kopp

BRUKSANVISNING:
Forvarm ovnen til 325 grader.
Ha nudler, sopp, skinke og løk gjennom det mellomstore bladet på en matmølle eller mathakker. Pisk blandingen i en bolle med krydder, fløtesaus, ost, eggeplommer, tomatpuré og persille. Vend inn de piskede eggehvitene og vend inn i forberedte former eller ramekins. Sett i en panne med kokende vann og stek i ca 30 minutter, avhengig av formen på formen (en ringform bakes raskere enn en sufflérett). Timbale er ferdig når blandingen har hevet ca ½ tomme og brunet pent på toppen. Den vil synke litt etter hvert som den avkjøles, men kan holdes varm i en god halvtime før servering. Fjern formen på et varmt serveringsfat.

SAUS OG GARNITURE
Har du brukt ringform kan du fylle klangen med kokte grønne grønnsaker; ellers kan du omringe den med grønnsaker. Tomatsaus, fløtesaus blandet med urter eller en

skje tomatpuré, eller en lett ostesaus ville passe godt, skjeen over timbalen.

94. Kjeks eller sjokolade / Sjokoladesvampkake

INGREDIENSER:
- 1 ss myknet smør
- Mel
- En rund kakeform i ett stykke 8 tommer i diameter og $1\frac{1}{2}$ tommer dyp
- ⅔ til 1 kopp (4 til 6 unser) halvsøte sjokoladebiter (mindre mengde gir en lettere kake)
- 1 heapende tb pulverkaffe oppløst i 2 tb kokende vann

KAKE REIEREN
- 3 egg (USA gradert "large")
- En stor miksebolle
- ½ kopp granulert sukker
- ⅔ kopp kakemel (sikt direkte i kopper, jevn ut med kniv og returner mel til sikten)
- $3\frac{1}{2}$ ss myknet usaltet smør

BRUKSANVISNING:
a) Forvarm ovnen til 350 grader.
b) Smør lett innsiden av kakeformen, rull mel inni for å dekke overflaten helt, og slå ut overflødig mel. Smelt sjokoladen med kaffen og la den avkjøles til lunken.
c) For eggehvitene: klype salt, ⅛ ts krem av tartar og 1 ss perlesukker
d) En elektrisk mikser med store og små boller og, hvis mulig, ekstra kniver (eller 2 boller og 2 store pisker); gummispatel
e) Skill eggene, legg plommene i den store bollen og hvitene i en annen bolle (eller liten bolle med mikser). Mål opp kakemelet, og mos smøret for å myke det.
f) Enten med mikseren eller med en stor pisk, pisk sukkeret gradvis inn i eggeplommene og fortsett å piske i flere minutter til blandingen er tykk og sitronfarget. Hvis du

bruker en mikser, slå inn den lunken smeltede sjokoladen, deretter smøret; ellers, pisk smør gradvis inn i sjokoladen til det er glatt, og pisk deretter inn eggeplommer og sukker.

g) Pisk eggehvitene til skum med rene tørrvisper eller en stor stålpisk, pisk deretter inn salt og fløte av tartar. Fortsett å slå til myke topper er dannet; dryss på sukker og pisk til det dannes stive topper.

h) Bruk en gummispatel og rør $\frac{1}{4}$ av eggehvitene inn i sjokolade- og eggeplommeblandingen; når delvis blandet, sikt på $\frac{1}{4}$ kakemel. Brett raskt og forsiktig inn med en gummispatel; når delvis blandet, begynn å brette inn ⅓ de resterende eggehvitene. Når dette er delvis blandet, sikt på ⅓ av det resterende melet og fortsett slik, alternerende med mel og eggehviter, brett raskt til alt er innlemmet.

BAKING

i) Vend inn tilberedt kakeform; vipp pannen for å renne røren opp til toppen rundt omkring. Sett umiddelbart i midtnivået i den forvarmede ovnen og stek i ca 30 minutter.

j) Kaken vil heve litt over kanten av formen og toppen vil sprekke. Det er gjort når en nål eller gaffel, stupt ned gjennom midten av kaken, kommer ren ut; en veldig svak krympelinje vil også vises mellom kanten av kaken og formen. Ta ut av ovnen og la avkjøle i 5 minutter, og ta deretter ut formen på en kakerist.

k) Hvis kaken ikke er iskald når den er kald, pakk den inn lufttett og kjøl eller frys.

95. Crème au Beurre à l'Anglaise / Vaniljesaussmørkrem

INGREDIENSER:
- En 2½-liters miksebolle
- 4 eggeplommer
- ⅔ kopp granulert sukker
- ½ kopp varm melk
- ½ lb. myknet usaltet smør
- Smaksvalg: 3 ss rom, kirsch, appelsinlikør eller sterk kaffe; eller 1 ss vaniljeekstrakt; eller ⅓ kopp (2 unser) halvsøte sjokoladebiter, smeltet

SJOKOLADEGLASUR
- 1 kopp (6 unser) halvsøte sjokoladebiter
- ¼ kopp kaffe

BRUKSANVISNING:
a) Legg eggeplommer i miksebollen; pisk gradvis inn sukkeret og fortsett å piske til blandingen er tykk og sitronfarget. Pisk deretter inn melken gradvis.
b) Vend inn i en ren kjele og rør med en tresleiv over moderat lav varme til blandingen sakte tykner nok til å dekke skjeen med en lett krem. (Vær forsiktig så du ikke overopphetes, ellers vil eggeplommer stivne, men blandingen må tykne.)
c) Sett pannen i kaldt vann og rør til det er lunkent; skyll ut miksebollen og sil vaniljesaus tilbake i den. Deretter, bruk en trådpisk eller en elektrisk mikser, pisk gradvis inn det mykede smøret med spiseskjeer. Pisk inn smakstilsetningen.
d) Hvis krem ser kornete ut, pisk inn mer smør med skjeer. Avkjøl eller rør over knust is, om nødvendig; krem skal være glatt, tykk og homogen. (Rester av smørkrem kan fryses.)

FYLLING OG GRIS AV KAKEN

e) Når kaken er helt kald børst smuler av overflaten. La kaken stå opp ned, siden du vil at sidene skal skrå litt innover. Skjær en liten vertikal kile opp kanten av kaken; dette vil veilede deg i å omforme den. Del deretter kaken i to horisontalt. Spre et $\frac{1}{4}$-tommers lag med smørkrem på den nederste halvdelen (tidligere toppen); erstatt den andre halvdelen, og sett de to halvdelene på linje med kilen. Fordel glasur på toppen og sidene av kaken, jevn med en slikkepott dyppet i varmt vann, og hold sidene skrånende litt innover. Avkjøl til frostingen er fast.

SJOKOLADEGLASUR

f) Smelt sjokoladebiter med kaffen og la den avkjøles til lunken.
g) Plasser den avkjølte kaken på en rist over et brett og hell all sjokoladen over toppen, la den falle ned over sidene, som, hvis den er pent jevnet og litt skråstilt, bør ta sjokoladebelegget perfekt.
h) Når glasuren er stivnet, overfører du kaken til et serveringsfat. (Kaken bør oppbevares i kjøleskap.)

96. Tarte Aux Pommes / Fransk epleterte

INGREDIENSER:
- Et 8-tommers delvis bakt deigskall satt på et bakepapir med smør
- 3 til 4 kopper tykk eplemos uten smak
- $\frac{1}{2}$ til $\frac{2}{3}$ kopp granulert sukker
- 3 ss eplebrandy, konjakk eller rom, eller 1 ss vaniljeekstrakt
- Revet skall av 1 sitron
- 2 ss smør
- 2 til 3 epler, skrelt og kuttet i $\frac{1}{8}$-tommers langsgående skiver
- $\frac{1}{2}$ kopp aprikossyltetøy, silt og kokt til 228 grader med 2 ss sukker

BRUKSANVISNING:
Forvarm ovnen til 375 grader.
Rør $\frac{1}{2}$ til $\frac{2}{3}$ kopp sukker inn i eplemosen, tilsett likøren eller vanilje og sitronskall. Kok ned, rør ofte, til sausen er tykk nok til å holde i en masse i skjeen. Rør inn smøret, og vend eplemosen til et deigskall, fyll det nesten til randen. Ordne tett overlappende rå epleskiver over toppen i konsentriske sirkler. Stek i 30 minutter i en forvarmet ovn. Unmold terten på en servering tallerken; mal toppen og sidene med varmt aprikossyltetøy. Server varm, varm eller kald ledsaget, hvis du ønsker det, med lett pisket krem.

97. Kjeks Roulé a l'Orange Et Aux Amandes

INGREDIENSER:
FORELØP

- 3 ss smør
- En gelérull eller kakeform, 11 tommer i diameter, 17 tommer lang og 1 tomme dyp
- Mel
- ⅔ kopp granulert sukker
- 3 egg
- Skallet av 1 appelsin (riv den i miksebollen som inneholder eggeplommene)
- ⅓ kopp silt appelsinjuice
- ¾ kopp pulveriserte blancherte mandler (kvern dem i en elektrisk blender, eller ha gjennom en kjøttkvern med en del av ⅔ koppen melis)
- ¼ ts mandelekstrakt
- ¾ kopp siktet vanlig bleket kakemel (plasser tørrmålte kopper på vokset papir, sikt mel direkte i kopper, og fei av overløpet med en rettkantet kniv)
- En snau ¼ ts krem med tartar
- Klype salt
- 1 ss perlesukker
- 1½ ss lunkent smeltet smør
- Pulverisert sukker i en sil

BRUKSANVISNING:

Forvarm ovnen til 375 grader og sett risten på midterste nivå. Smelt smøret og la det avkjøles til lunkent: del er til pannen, del til kaken. Mal innsiden av kakeformen med smeltet smør, og line med 12 x 21-tommers stykke vokset papir, la endene strekke seg utover kantene på pannen. Smør papiret, rull mel over det, dekk hele innsiden, og slå ut overflødig mel.

BLANDING AV KAKEREMEN
Bruk en stor stålpisk og pisk sukkeret gradvis inn i eggeplommene og appelsinskallet; pisk kraftig i et minutt eller to til blandingen er tykk og blekgul. Slå inn appelsinjuice, deretter mandler, mandelekstrakt og mel.
Pisk eggehvitene et øyeblikk med moderat hastighet; når de begynner å skumme, tilsett kremen av tartar og salt. Pisk på topphastighet til eggehvitene danner myke topper, dryss på sukkeret og pisk noen sekunder til til eggehvitene danner stive topper når de løftes med en skje eller slikkepott.
Øs eggehvitene over eggeplommeblandingen. Brett raskt og forsiktig sammen med en gummispatel; når den er nesten blandet, vend raskt inn det lunne smøret $\frac{1}{2}$ tb om gangen.
Vend straks røren inn i den tilberedte pannen, jevn ut over hele overflaten. Slå pannen kort på bordet, for å jevne blandingen, og sett i midterste nivå av forvarmet ovn.
BAKING
Stek i ca 10 minutter. Kaken er ferdig når den knapt begynner å få farge, når toppen er litt spenstig eller svampete hvis den trykkes med fingrene, og når den svakeste skillelinjen viser mellom kaken og sidene på formen. Ikke overkok, ellers vil kaken gå i stykker når den rulles; den må være myk og svampete.
KJØLING OG AVSTØP
Fjern fra ovnen og dryss toppen av kaken med et 1/16-tommers lag med melis. Dekk til med et ark med vokset papir. Skyll et håndkle i kaldt vann, vri det ut og legg det over det voksede papiret. Snu kaken opp ned og la den avkjøles i 20 minutter.
Løsne papiret i den ene enden av formen for å løsne. Hold papiret flatt på bordet, og løft gradvis av pannen, start ved den løse papirenden. Fjern papiret forsiktig fra langsidene

av kaken, og skrell det deretter av toppen. Trim brune kanter rundt kaken; de vil sprekke når de rulles. Kaken er nå klar til fylling, noe som bør gjøres umiddelbart.

98. Farce Aux Fraises Cio-Cio-San

INGREDIENSER:

- 4 kopper skivede ferske jordbær og omtrent ½ kopp sukker; eller 3 ti unse pakker frosne jordbær i skiver, tint og drenert
- 2 TB tørr hvit vermouth
- 2 ss konjakk, appelsinlikør eller kirsch
- 2 pakker (2 tb) pulverisert gelatin uten smak
- ⅔ kopp skivede mandler
- ½ kopp kumquats konservert i sirup, frøet og i terninger
- Dekorative forslag: pulverisert sukker, skivede mandler og kumquats, eller pulverisert sukker og hele jordbær

BRUKSANVISNING:

Hvis du bruker friske jordbær, sleng dem i en bolle med sukker og la stå i 20 minutter. Ha vinen og likøren i en liten kjele, tilsett ¼ kopp jordbærjuice og dryss på gelatinen. La mykne i flere minutter, og rør deretter over varme for å løse opp gelatinen helt. Vend inn i jordbærene, sammen med mandler og terninger av kumquats. Avkjøl eller rør over is til det tykner, og fordel deretter over kaken.

Rull sammen kaken enten fra den korte eller lange enden, avhengig av om du foretrekker en lang eller en fet rundstykke; bruk det nederste laget med vokset papir for å hjelpe deg når du snur kaken over på seg selv.

Overfør kaken til et serveringsbrett eller fat; dekk med vokset papir og avkjøl hvis ikke servert ganske snart. Rett før servering, dryss med melis (vokset papir skled under sider og ender vil holde serveringsbrettet pent), og pynt med mandler og kumquats, eller jordbær. Følg med, hvis du ønsker det, med mer jordbær og søtet kremfløte.

99. Italiensk marengs

INGREDIENSER:
- 3 eggehviter
- En elektrisk visp
- Klype salt
- En snau ¼ ts krem med tartar
- 1⅓ kopper granulert sukker
- ⅓ kopp vann
- En liten tung kasserolle

BRUKSANVISNING:
a) Til dette bør eggehvitene piskes og sukkersirupen kokes omtrent samtidig; jobb dem sammen hvis du kan. Du trenger en elektrisk visp til eggehvitene; hvis du har en mikser med to boller, pisk hvitene i den lille bollen, og ha dem over i den store bollen når du tilsetter sukkersirupen.
b) Pisk eggehvitene med moderat hastighet et øyeblikk til de begynner å skumme; tilsett salt og fløte av tartar og pisk i høy hastighet til eggehvitene danner stive topper når de løftes i en skje eller slikkepott.
c) Ha sukker og vann i en kjele og sett på høy varme. Snurr pannen – ikke rør forsiktig – til sukkeret er helt oppløst og væsken er helt klar. Dekk pannen og kok raskt, uten å røre, et øyeblikk eller to: kondenserende damp faller fra dekselet, skyll ned sidene av pannen og forhindrer dannelse av krystaller. Avdekk pannen når boblene begynner å tykne, og kok raskt til mykballstadiet, 238 grader.
d) Pisk eggehviter med moderat lav hastighet, hell i sukkersirupen i en tynn stråle. Fortsett å piske på høy hastighet i minst 5 minutter, til blandingen er avkjølt.

Den blir satengglatt, og danner stive topper når den løftes med skje eller slikkepott.

100. Crème au Beurre à la Meringue / Marengssmørkrem

INGREDIENSER:

- 2 kopper (12 unser) halvsøte sjokoladebiter smeltet med 3 tb sterk kaffe eller rom
- 1 ss vaniljeekstrakt
- ½ lb. (2 pinner) myknet usaltet smør

BRUKSANVISNING:

a) Pisk smeltet sjokolade og vanilje inn i den kjølige marengsblandingen. Pisk inn smøret gradvis. Avkjøl smørkremen til den har en lett smørende konsistens. (Rester av smørkrem kan fryses.)

FYLLING OG FRISTING AV BOBBEN

b) Fordel halvparten av fyllet på sockerkakeplaten, og rull sammen med start i en av kortendene. (Pakk inn og avkjøl hvis du ennå ikke er klar til å froste den.)

c) Når du er klar til frost, skjær av de to endene på forspenningen, for å gi utseendet til en saget tømmerstokk. For grener, skjær hull omtrent ½ tomme dypt i overflaten av kaken; sett inn 2-tommers lengder fra avklippede ender. (Ikke lag grener for lange, ellers vil de ikke støtte frostingen.) Overfør kaken til et serveringsbrett eller rektangulært fat. Sett inn voksede papirstrimler under sidene og ender av kaken for å holde frostingen av serveringsbrettet; fjern etter frosting. Deretter, bruk enten en liten slikkepott eller en konditorpose med et båndrør, dekk toppen og sidene av kaken, og la de to endene være ufroste. Rull frostingen med en gaffel eller slikkepott for å gi en barklikkeffekt. Avkjøl for å sette frosting.

MARENGSSOPP

d) Forvarm ovnen til 200 grader.

e) Smør lett en liten bakeplate, rull mel over overflaten og slå av overflødig. Tving den reserverte marengsblandingen gjennom et bakverksrør med en 3/16-tommers røråpning eller slipp enden av en teskje på bakeplaten, og lag $\frac{1}{2}$-tommers kupler for sopphetter og spisse kjegler for stilker. Du bør ha 10 eller 12 av hver. Stek i 40 til 60 minutter, til du hører marengsene knitre mykt. De er ferdige når de er tørre, og når de lett løsner fra bakeplaten. For å sette sammen, stikk et hull i bunnen av hver hette, fyll med smørkrem og sett inn stilken.

SPUNNET-SUKERMOSE

f) Ordne et oljet kosteskaft mellom to stoler, og spre rikelig med aviser på gulvet. Kok $\frac{1}{2}$ kopp sukker og 3 ss vann, følg instruksjonene for italiensk marengs, til sukker får en lys karamellfarge. La sirupen avkjøles noen sekunder til den tykner litt, dypp deretter en gaffel i sirupen og sving gaffelen over kosteskaftet; sirup vil danne tråder over håndtaket.

AFSLUTTENDE DEKORASJONER

g) Trykk soppklaser inn i stokken der du tror sopp skal vokse, og dryss med en lett dryss av kakao ristet gjennom en sil. Dryss litt melis over stokken, for å gi en snøaktig effekt.

h) Pynt med kristtorn eller blader, hvis du ønsker det, og draperer spunnet sukkermose på strategiske steder. (Siste dekorasjoner gjøres rett før servering, da stokken skal stå i kjøleskap til siste øyeblikk.)

KONKLUSJON

Avslutningsvis tilbyr fransk baking en herlig blanding av kunstnerskap og smak som fengsler sansene og gleder ganen. Fra den ydmyke baguetten til den forseggjorte mille-feuille, hver bakverk forteller en historie om århundrer gamle tradisjoner og en lidenskap for håndverk. Ved å mestre teknikkene og omfavne ånden fra fransk baking, kan du bringe et snev av eleganse og overbærenhet til kjøkkenet ditt, og skape uforglemmelige øyeblikk for deg selv og dine kjære. Så, samle ingrediensene dine, forvarm ovnen din, og begi deg ut på et kulinarisk eventyr som feirer den tidløse forlokkelsen til fransk konditori. God appetitt!

www.ingramcontent.com/pod-product-compliance
Lightning Source LLC
Chambersburg PA
CBHW071305110526
44591CB00010B/777